JUJUE

拒绝

鹿 平◎编
大漫工坊◎绘

漫画

SAY
NO

山西出版传媒集团　山西人民出版社

图书在版编目（CIP）数据

拒绝 / 鹿平编；大漫工坊绘 . -- 太原：山西人民
出版社，2024. 8. -- ISBN 978-7-203-13513-5

Ⅰ . C912.3

中国国家版本馆 CIP 数据核字第 2024N988Q6 号

拒绝

编　者：鹿　平
绘　者：大漫工坊
责任编辑：秦继华
复　审：魏美荣
终　审：梁晋华
装帧设计：言　诺

出 版 者：山西出版传媒集团·山西人民出版社
地　址：太原市建设南路21号
邮　编：030012
发行营销：0351 - 4922220　4955996　4956039　4922127（传真）
天猫官网：https://sxrmcbs.tmall.com　电话：0351 - 4922159
E - mail：sxskcb@163.com　发行部
　　　　　sxskcb@126.com　总编室
网　址：www.sxskcb.com

经 销 者：山西出版传媒集团·山西人民出版社
承 印 厂：三河市同力彩印有限公司

开　本：710mm×1000mm　　1/16
印　张：9
字　数：140千字
版　次：2024年8月　第1版
印　次：2024年8月　第1次印刷
书　号：ISBN 978-7-203-13513-5
定　价：49.80元

前 言

金钱有价，善良无价。生活中，我们立志为善，努力建立正面形象，以赢取他人的依赖与好评。然而，好人的道路不总是坦荡，好人难做也是一个不争的事实：无人能面面俱到，可以同时取悦每个人；好人往往背负更重的压力，甚至还会面对一定的道德困境；那些过于迁就他人的老好人，有时反而被误解，被认为软弱可欺……

面临这些困难，本书不是要劝诫读者放弃成为好人的志向，而是鼓励读者成为一个有原则的好人，设定明确的界限，不成为一味迎合的"滥好人"。

滥好人常表现出界限模糊、行为失范的特征。他们虽出于善意，看似无私、温和，却可能在不知不觉中伤害到自己，破坏人际关系，阻碍个人的成长和幸福追求。在企图满足他人的同时，他们常常忽略自己的感受和需要，不敢表达真实想法，并且过度承担责任。生活中，他们往往是有求必应的一方，容易陷于利己者的环境中，被自私自利的人抓住软肋，从而失去人际交往中的平等立场。

英国哲学家伯特兰·罗素曾在《幸福之路》一书中提出，不幸福很多时候是由错误的世界观、错误的伦理观、错误的生活习惯导致的。当滥好人的行为模式导致我们不幸福、不快乐时，就需要审视自己的观念和行为习惯，并做出必要的调整，以寻求更平衡和满意的生活状态。

　　《拒绝》是一本专为那些渴望在纷扰生活中找到真实自我、勇敢维护个人界限的人量身打造的实用心灵指南。本书依照不同的生活场景，细分为六个章节，从家庭的温暖到职场的挑战、从日常社交的巧妙应对到自我提升的深刻领悟，逐步引导读者朋友探索和审视个人行为模式的深层原因。书中还包含了百余幅情景漫画，或引发共鸣，或启发反思，读者朋友可从中意识到过度迁就他人的弊端，识别滥好人的特征，并寻找到摆脱这一困境的策略。

　　希望本书能成为你重建自尊和自信的助推器，帮你学会如何在恰当的时刻坚定地说出"不"，把自我重新放回生命的核心位置。翻开此书，《拒绝》将与你一起，描绘一个更加自信、界限分明、和谐互助的人生图景！

目 录

第一章

有边界，让善良长出铠甲

第二章
会说"不"，掌握平等关系

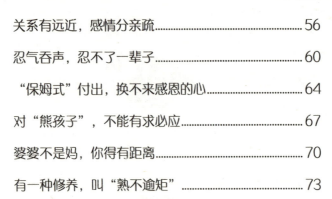

第三章
有主见，守护爱与幸福

第四章
有态度，交友择善而处

第五章
有立场，职场顺风顺水

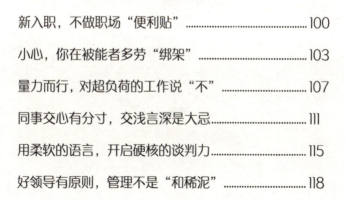

第六章
撕“标签”，悦纳不被定义的自己

第一章

有边界，让善良长出铠甲

好人难当，为善最难。

善良，是一种美德，也是人类共同追求的道德准则。然而，在当今的信息时代，善良与真实却常常被遮蔽、被利用，甚至被认为是软弱无能的象征。在人际交往中，我们经常看到做人圆融、做事圆滑的人拥有好人缘，而善良、老实的"老好人"却容易受到不公正的对待。在这种情况下，我们需要明确自己的边界与底线，给善良赋予"披甲执矛"的力量。当我们能够尊重自己、保护自己的利益和安全时，才能真正体现善良的价值和意义。

善良有锋芒，好心才有好报

　　为人善良，做事靠谱，是建立良好人际关系和获得成功的关键。但人们往往对善良有着过高的期望，以至于生活中的"老好人"总是活得太累。例如，他们为朋友"两肋插刀"，却常常忽略自己的需求和感受；为了家人含辛茹苦，不惜放弃自己的事业发展；为了图一个好名声，总是不敢拒绝别人提出的不合理要求……为了满足他人的期望，"老好人"常常会牺牲更多的时间和精力，导致自己疲惫不堪，还得不到相应的好的回报。

　　我们愿意帮助别人，愿意为他人着想。然而，这并不意味着我们要无条件地付出。在帮助别人时，我们应该有自己的**底线和原则**，在表达善良的同时，我们也需要展现自己的**锋芒**。

吃亏不是福，而是经验和教训

吃亏是福，这句老话源自我国古代的儒家文化，人们曾以此为生活信条，以求在人际交往中保持平和的心态，避免冲突。现今我们身处一个竞争激烈的时代，如果我们仍然秉持"吃亏是福"的心态，不仅容易失去竞争的动力，还容易错失机会。在吃亏的过程中，我们通常会遇到难以预料的困难和挑战，需要付出更多的努力和时间来解决问题。

"吃亏是福"是提示我们在面对挑战时保持乐观和寻求成长的一种心态。但我们需要对"吃亏"有清晰的界定，适当地保护自身利益，平衡个人发展与社会适应性。例如，在职场中，我们为了获得更多的工作经验或者拓展人际关系，会选择承担一些额外的工作任务。这可能会让我们在短时间内看起来吃亏，但长远来看，这种付出可能会为我们带来更多的机会和收获。可当吃亏成为一种负担，让我们忽略了自身的发展和幸福，甚至演化成某种职场欺凌时，那么这种吃亏就不能被视为一种福分。

做人有尺，善良有度

　　善良是社交的基础，也是"老好人"的底色。在人与人的交往中，通过表达善意和合作精神，我们可以拉近彼此之间的距离。然而，过度的善良可能会让我们显得软弱和妥协，反而会让别人利用我们的善良来获取自己的利益。因此，在对人善良的同时，我们也要学会**带眼识人**，要照顾自己的感受，时刻保护自己的权益。

　　有人说："世界上有两样东西不可直视，一是太阳，二是人心。"正因为人心是世间最复杂的存在，所以做人要有尺，善良得有度。这个世界上并不是所有人都是善良的，有时候你对身边人饱含善意，宁愿自己吃亏也想成全别人，换来的却是别人的不领情。我们需要学会识别那些利用我们善良的人，远离那些居心险恶的人，避免让自己受到伤害。同时，我们也要学会在适当的时候表达自己的**立场和需求**，不要让自己的善良成为别人的负担。善良并非意味着无条件地忍让，保护自己、设定界限，是平衡善意与自我尊重的关键。

你的锋芒，让善良更有底气

锋芒不是凶狠的话语和暴躁的脾气，而是一种**态度和底线**。

当我们展现自己的底线和原则时，那些以善良为名义肆意对我们进行道德绑架的人，就会知道我们不是可以任意欺负的弱者。当然，这并不意味着我们要和别人发生冲突，而是要学会在关键时刻说"不"。特别是对于那些伤害过我们的人，那些超出我们**容忍范围**的事情，那些严重违反**公正原则**的行为，我们应该勇敢地表达自己的立场和感受。这样不仅可以避免给自己带来不必要的压力，还可以让对方更好地理解我们的处境。

有人可能会认为，展现锋芒会伤害到别人。其实不然，当我们有原则地帮助别人时，我们不仅不会伤害别人，还会得到别人的尊重和感激。因为我们在帮助他们时，不仅提供了实质性的帮助，还让他们明白了做人的道理。

好说话，不代表可以被轻视

  不少人用"好说话"作为自己的名片，坚信只要当好人，总是替别人着想，不与人发生冲突就能赢得好人缘。这其实是一种**回避心理**，代表着对种种负面可能的恐惧——被人拒绝、被抛弃、引起冲突、被别人批评、被孤立……没人能避免所有的消极情感，习惯性回避、过分好说话的行为反而会引起他人的轻视。

  对于一个公司而言，清扫会场未见得是一件很难的事情，但如果是他人坚持将不属于你的工作推到你头上，那么你应该想一想是不是自己的价值被别人低估了。塔利博说："我不害怕被人轻视，但我害怕轻视自己。"我们应该保持对自己的**尊重和自信**，而不仅仅依赖他人的认可来确定我们的价值。

别让好说话成为不专业

与人沟通的时候，很多人都倾向于经常附和别人的观点，以表现友好或避免冲突。却忘了，**过度迎合**会给人一种缺乏自信和主见的负面印象，导致他人对自己的专业能力产生怀疑——不然你可以想一想，一位面色严肃的律师和一位没有原则的律师，你要选哪一个来帮助你？过于好说话会丧失一部分专业形象，这种妥协并迎合他人的行为容易被看成没有主见和原则，从而认为这种"小白"很难做出决策；好说话的人还很难清晰地阐述自己的观点，从而被人看成缺乏独立思考的能力。

要努力摆脱这种犹豫、不专业的形象，避免妨碍个人职业发展，就需要坚定地展示你的专业能力和立场。当你有自信和相应的知识基础支持时，要勇敢地表达自己的看法，不要仅仅为了迎合他人或求取认同而轻易改变立场。有时候，坚持己见，看起来"不太好说话"，实际上能有助**于有效沟通**，而这样的直率也更容易赢得客户和同仁的尊敬与信任。

好说话，容易被忽视

好说话的人常常把"都行""好好好"挂在嘴边，他们的要求和意见经常和别人"一样"，没有什么特殊要求。好说话太容易被当成没要求，而一个没有要求的人很难引起别人的注意。俗话说："会哭的孩子有奶吃。"话虽糙，说得却也有一定道理。在一个团队中，好说话的人常常是沉默的，不敢表达观点，把沉默当成委曲求全。一些人可能会出于**个人利益**，针对那些较为随和的、好说话的成员，进行有意地忽略，以此来突显自己在团队中的影响力。这种策略可能会让宽容大度的个体选择更多地保持沉默，逐渐被整个团体所忽视。

适时地**发表己见**，适时地"刷刷脸"，可以提升你的团队能见度，彰显你的个性和独立思考的能力。比如，主动参与项目讨论，提出建设性的意见和建议，不仅有利于工作的开展，也能增强你作为团队成员的社交价值与影响力。

小心底线被蚕食

认知心理学认为，过度好说话、不愿意拒绝别人的人常常缺乏自信或**自我价值感**：他们害怕失去别人的好感，非常在意他人对自己的看法，希望被接受和喜欢，因此不愿意拒绝他人的请求。缺乏自信的人们可能会认为拒绝他人是冲突的源泉，或者担心会受到他人的负面评价，因此他们经常选择顺从以维护人际关系的和谐。

太好说话的人往往容易为他人让步，甚至牺牲自己的权益。今天让一点儿，明天让一点儿，不知不觉底线全无。缺乏底线是很危险的事情，可能会使自己压力陡增，无法平衡生活和工作，更有可能导致被人利用或不被人尊重，进而怀疑自己。在面对他人一些不合理的请求的时候，不妨告诉自己："我是独立的，我可以热爱自己，我可以不再依赖他人的认可和控制。"有时候通过一些**心理上的暗示**，能够推动自己的认知朝着积极的一面发展。

热心肠，但不是所有忙都帮

人们很欢迎热心肠的人。他们的友好与乐于助人，有时甚至可以被视为"无私"——他们主动伸出援手，不期待任何回报。这些人富有责任心，人际关系佳，但并非每个人都愿意或能承担这样的角色。**热心过度**有时会令人陷入困扰：它可能侵占个人时间，使得自己的事务难以完成；还可能因为帮忙不当而引发负面效果。

热心助人是一种美德，但人的精力有限，并非所有的忙碌都能揽下。我们在帮助别人的同时，也要考虑自己的情况。适时地说"不"，并非表示冷漠，而是一种自我保护，也是对他人负责的表现。它可以防止我们因承诺过多而造成个人资源的过度消耗，也避免了因为能力不足而让他人失望。

远离时间怪圈

过于热心会令人掉入一个怪圈：一直在忙，一直没忙在正题上；明明没时间，别人请你办事，你又好像忽然有时间了，仿佛用亲身经历来证明"时间挤一挤还是有的"。过于把别人的事情放在心上，一直**为别人忙碌**，很容易陷入数不清的烦琐事件中，无法为自己而活。一个举手之劳可能不算什么，但是N个举手之劳叠加起来，占用的时间和精力就非常可怕了。

一个热心肠的人不善于拒绝别人，更不善于麻烦别人，常常要亲力亲为。长此以往，个人的精力和资源将不可避免地枯竭，而压力和混乱的局面也将随之而来。想要远离这种时间怪圈，关键在于认识到"不要把自己完全奉献给别人"，也要学会做选择——选择在什么时候、以什么方式把有限的时间、精力和能力奉献给什么人。我们都不是超人，没有人能够亲手搞定所有的事情，量力而行，适当拒绝，并不是"无能"，也不是软弱，而是一种**自我保护**，是智慧和力量的体现。

付出不能理所应当

心理学家一直觉得这样一个现象很有趣——如果一个人一次性向人提供了过度的帮助或付出了过多时间和精力，那么对方可能会认为这是**理所应当的**，而不再感激。这种现象并不少见。我国有句老话"升米恩，斗米仇"，说的就是这么回事：帮别人一升米，人家对你感恩戴德，觉得你帮了他；不求回报地给别人一斗米，人家反而觉得你的帮忙是应该的，不把你的善意放在心上，等之后你不帮了，他反而怀恨在心，甚至恩将仇报。

一个人如果长期不加选择与考虑地频繁向人施予援手，而不加以区分或衡量，那么他人可能会觉得这是常态，认为这是理所应当的。当然，这并不是说帮助别人是错误的，而是为了阻止这种情况发生，需要帮助者首先**自我调整**：在助人为乐的同时，要注重方式和度。首先要权衡自身的时间、能量与资源，适量地提供支持，确保他人明白你的援助是基于善意的额外贡献，而非义务。

好心办坏事，太尴尬

　　帮助别人是一门学问，既要有慷慨的心态，也要有审慎的考虑，才能确保帮助不仅有效，也不会让自己受到伤害。如果没弄清楚对方情况，就贸然帮忙，就会有好心办坏事的风险。

　　在帮助别人之前一定要谨慎考虑。首先，**判断自我能力和资源**是基础。如果一个人意识到自己的能力和时间有限，而又轻易承诺去帮助别人，最终不仅可能无法完成承诺，还有可能损害自己的信誉和双方的关系。其次，**理解对方实际需求**的重要性不容忽视。你听到的需求可能只是对方初步的需求，很多事情并不是别人请求帮忙时要求的那样简单，可能需要更深入了解才能知道他们究竟要什么帮助。最后，**尊重他人的自主和独立**也非常关键。人们可能因为自尊、隐私或其他个人理由，而并不希望接受帮助。在这种情况下，未经同意就贸然介入，可能会导致对方感到不舒服或不被尊重。就算出发点是好的，也可能因为方式不当而产生不良后果。

替对方考虑，也为自己着想

在社交互动中，表现出和蔼可亲并避免不必要的争执是一种普遍的策略。然而，如果过分追求和谐，总是想要讨好他人，就可能表现出自己缺乏坚定立场：将对别人的需求和情感置于自我意见和原则之上，这是一种心理误区，也是**价值判断**上的失衡。当一个人始终顺从别人的意志，并忽视自己的需求和权益，就可能被视为缺乏自信或容易被操纵。

美国作家玛雅·安吉洛曾说："你如何对待自己决定了他人如何对待你。学会热爱自己，给予自己宽容和尊重，你将吸引到同样的对待。"善于沟通和合作是积极的品质，但不应以牺牲自己的需求为代价。找到平衡点，在关心他人的同时也关注自己，设置优先级时，将自己排到第一个。

有边界，才有自我

边界感是一种自我感知：什么东西是我的，什么东西是别人的；我能够做什么，我不该做什么；我能接受什么，我不能接受什么……很多人明明知道自己的边界在哪里，却为了讨好别人或不引起争端而一再退让。这些自我亏待会让别人过界而不自知，不仅损害自我认知，还会损害人际关系。而某种过度的热情，如果忽视了他人的个人界限，也可能会引起别人的不适。因此，在表现出积极和热忱的同时，也要尊重对方的私人空间，以保证交流愉快和恰当。

有边界能够帮助别人保护自己——无论是个人需求还是自己的价值。一个没有边界的人在人际互动中不容易得到尊重，很难维护自己的尊严。给自己和他人设立一个边界，让别人知道，好心好意不可以随意践踏，你不是随手拿过来的垃圾桶，也不是随时随地都在线的服务型机器人。"亲疏有度，远近相安。"古人已经告诉我们，边界模糊、不分彼此并不算良好的人际关系，**有度才能相安**。

减少依赖，独立行走

美国管理学者史蒂芬·柯维将人的心智成熟过程分成三个阶段，**依赖期、独立期和互赖期**。依赖期是成长早期的阶段，个体在情感、物质和心理上依赖于他人。如果成年人停留在此阶段，就可能无法激发个人潜能，因为他们过度依赖他人的认同和帮助来肯定自己的价值。很多老好人希望成为他人可以依赖的朋友，常常将别人的利益看得比自己更重，觉得别人对自己的依赖证明了自己有用，从而说明自己是可靠的人。实际上恰恰相反，无止境地满足他人是依赖期的典型特征——情感上不能独立的人，其价值和安全感都来自他人的看法，一旦无法取悦别人便会极度沮丧。

要想心理成熟，就必须突破这种依赖性状态。过度关注他人的需求并牺牲自己，这样做可能导致身心疲惫，无力思考自己究竟想要什么，不清楚自己的人生目标在何方。善良有度，不要为了给别人撑伞而淋湿了自己。在为别人考虑的时候，也关照自己的需要，减少相互之间的依赖性，双方都试着"独立行走"，才能获得不一样的未来。

看重自己，别人才会看重你

　　看重自己是实现个人成长和成功的基础。它能够激发我们的自信心，帮助我们实现目标和梦想、建立健康的关系，并提高工作效率和成果。管理学大师史蒂芬·柯维在谈及一系列不看重自己的行为时说："有些人**自我意识薄弱**，不愿主动设计自己的生活，结果就让影响圈外的人或事控制了自己，其生活轨迹屈从于家庭、同事、朋友或环境的压力。"当一个人不重视自己时，他可能会表现出唯唯诺诺、不关心自己的形象、不关心前途等特征，这种表现会伤害自己，也会影响他人对自己的印象及行为。

　　当一个人把自我价值和"为别人做了什么"等同起来，那么在别人眼中，这个人就变成了没有自我的"工蜂"。人们通常会给予那些对自己有**自信、积极进取并展现出价值**的人更多的重视和认可。因为看重自己的人更具有创造力，对成功的追求也更加强烈。没有人想和平庸的人同行，牺牲自我带不来长久的人际关系，更看重自己，别人才能将你视为重要的存在。

远离精神内耗，合理表达愤怒

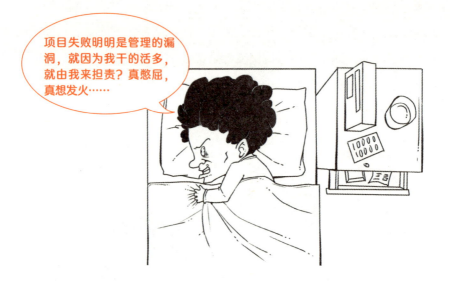

如果长期处于心理压力过大的情况下，被焦虑困扰，那么人的心力就会被逐渐消耗，很难恢复良好状态。这种**精神内耗**可能表现为精神疲惫、注意力不集中，也可能表现为睡不着、吃不下、掉头发等。当精神内耗已经表现出躯体症状，那就说明这种内耗已经很严重，影响了身体健康。

老好人常常喜欢反思自己，担心自己做错了什么，或者做得还不够好，如果这时候旁边的人推卸责任，对老好人进行**道德绑架**，那么其内疚感就会倍增。"真的是我的错吗？"这是个很好的问题，勇敢告诉自己"不是"，因为难为自己毫无必要。感觉到生气，想发火？那真是太好了，适当表达你的愤怒，这是远离精神内耗的绝佳办法。

会生气很正常

"如果你能更细心一些""因为你，这事儿没办成""这都是你的错"……这些话听多了，容易逐渐侵蚀一个人的自尊心，哪怕事实并非如此。常常承受这样的指责的人，容易对自己产生怀疑，并因此而自责。宽容到自己也难以宽容的老好人们，通常压抑自己的情绪，因为他们认为愤怒是不礼貌的，可能激起不必要的冲突。这种避免冲突的态度虽然可以**短期内维持和平**，但长期下来可能内心会积累压力和不满。

情绪是我们每个人不可缺少的一种生活体验，和人的需求紧密相连：当人的需要得到满足时，会产生愉快、喜悦等积极的情绪体验；反之，人的需要一旦无法得到满足，便会产生失望、愤怒等消极的情绪体验。情绪不分好坏，是一种人对外界的反应，一种信号。俗话说："泥人尚有三分火气。"没有人能完全不生气，不能因为愤怒情绪是消极的，就认为它是不好的，躲避和压抑它。愤怒是正常的，压抑愤怒无异于从最开始就失去了和人**沟通的底气**。

不紧不慢，合理表达

老好人习惯隐藏自己的真实情感，常常被委屈和愤怒的情绪所包围，这些复杂的感受很难清晰地表达出来。**妥善地表达愤怒**可以帮助他人明白你的感受和立场，从而避免误解和假设。在表达愤怒时，选择合适的语言和调性至关重要。犹豫不决的态度可能会给人留下负面印象，认为你语言表达不清，浪费了对方的时间；而过于高调和混乱的表达则可能引起对方的戒备心理或误解，使对方怀疑"这真的有必要吗？"或"他怎么了？"在情绪表达和人际沟通中找到恰当的平衡，对于保持自尊、赢得尊重和促进理解至关重要。

表达愤怒并不是为了展示愤怒，展示别人造成的伤害，表达愤怒的最重要目的是**解决问题**，减少伤害的再次发生。和别人沟通的时候，要保持冷静，避免使用攻击性的语言，尽量清晰地表达自己的观点和感受，语气平和，不要吞吞吐吐，只将情绪展现在脸上；说到关键处，必须让对方明白你的情绪和需求，免得对方揣着明白装糊涂，反而数落你没把话说清楚。

善用你的愤怒

理性地表达愤怒，并非意味着歇斯底里或恐吓他人——毕竟，没有人希望自己在他人心目中的形象是一副冲动或粗鲁的模样。表达愤怒可以采取两种有益的途径：第一种是通过坦诚的沟通，第二种是将愤怒转化为个人成长的动力。

通过坦诚沟通，我们可以建立更为健康和平衡的人际关系，同时，让对方明白哪些行为是你不可接受的。而一个心智和情绪成熟的人，则能在面对困境时内省和自我提升，从而超越局限，突破现有的人际圈层，达到更好的人生境界。

你居然考下来了！边上班边学习很辛苦吧?

我们财务室有个同事总以考这个证为由把工作推给我做，我化愤怒为动力，认真备考，没想到他没考过，我反而考过了。

这两种方式没有好坏之分，只要在心中有这样的一个疑问："我需要做些什么或改变些什么？"愤怒能够促使人改变，推动人进步。当你找到一个有效的发泄方式时，你会发现，好像自己没有那么生气了，困扰自己很久的事情忽然变得云淡风轻。所谓愤怒其实只是一种发泄方式，如何使用还要看个人的意愿。重要的是，不要原地等待，要**行动起来**。

拒绝

以直报怨，就是最有力的还击

人生在世，难免会与人结怨或产生不愉快，无论是在家庭还是工作中，人和人之间总会有摩擦。俗话说"牙齿和舌头也会有打架的时候"，更何况是不同的个体。大家的价值观、处事方式、理解能力各有不同，彼此之间产生误解和分歧再正常不过了。

在当今社会，不少人倡导"以德报怨"，抱着"多一事不如少一事"的消极态度来面对冲突和不公。而几千年前，针对"以德报怨，何如？"的疑问，孔夫子已有解答："何以报德？以直报怨，以德报德。"简而言之，他人向你施以善意，你应以善意相报；若他人待你不善，你无须过分迁就或示弱。从古至今，<u>直接且坦诚的沟通</u>，都是化解矛盾和解决问题的有效途径。

情绪直露，不被漠视

以直报怨，本质上是对个人感受的坚定认可与尊重。它践行了一种原则——不再默默承受，无畏地表达内心的委屈与痛楚。这种行为的益处显而易见：它迫使对方必须正视你的感情损伤与利益受损。当你坦诚展现受伤的心绪及不满时，便给予了他人思考你深层情感与需求的机会。这不仅可能唤醒他们的同情与关爱，还会促使他们认识到自己的过失，并积极地改善与修补关系。

主动表露情绪，从个人发展的视角来看，能够增强自尊与自信心；从人际关系的角度来说，可以展示自我价值与存在感。坦诚表达自己的内心世界，不仅让他人无法忽略自己，更使得我们勇敢地以真实的自我站立于世，这样的真诚有时候甚至能增加别人对我们的信任，促进彼此关系的深化。然而，应谨记情绪的多变性和时效性，表达应适时而为，避免翻旧账，免得给人琐碎狭隘的印象。所以，恰当与及时的情感表露是艺术，也是智慧。

直面冲突，缩短痛苦

心理学家布尔戈在整理自己的诊疗记录时提出："当他们（痛苦的患者）面对这些强烈的情感时，因不知如何与之安然相处而选择了回避或压制。"然而，这种回避或者压制并不能解决冲突，只会让人痛苦的期限延长。所谓长痛不如短痛，当冲突发生时，要勇敢地选择直面问题，**把问题在当下解决**，不把问题拖到明天。或许有些问题说破之后，人和人的关系反而更好了；就算没有更好，解决冲突也可以减轻自己的心理负担，总是件好事。

有话直说，减少误解

很多人喜欢"将心比心"，觉得自己做到位了，别人自然会给予同样的回报，这种理想化的人际关系未必不存在，但大多数人还是习惯以自我为中心思考问题，不会设身处地为对方着想。

"**打开天窗说亮话**"，可以减少误解和歧义，也能够搞清楚双方需求，增加合作互助的机会。面对那些想耍心眼儿的人，坦率地将自己的想法说出来，只要有理有据，往往能有奇效。

不"讨好"，做最舒服的自己

　　文学家爱默生说："为了讨人喜欢而取悦别人，就是放弃自己。"当代社会的工作和生活的节奏不断加快，"内卷"现象也很严重，如果一直讨好别人，留给自己的空间就会越来越小，压力、疲劳、局促……每一种感觉都会影响自己的心态，很容易身心俱疲。越讨好别人，自己活得越累。

　　不刻意讨好别人，意味着不把取悦他人作为首要目标，而更注重自我表达、自我实现。勇于展现真实的自我，坚守独特个性，营造出一方只属于自己的人格领域，让周遭的人不仅见证你的坚持与个性色彩，还能感受到你作为一个**立体多面**的人的全貌。当你做到不"讨好"，不再关心别人对自己的评价，专注于自己的生活时，才会越来越感到舒适。

重新认识自己

人们能否真正地认识自己，且能否彻底接纳自己，这是一条既漫长又曲折的探索之路。正如苏东坡诗中所云："不识庐山真面目，只缘身在此山中。"我们常因深陷生活的迷雾当中，难以窥见自我的全貌。有**自知之明**并非易事，尤其对于那些习惯将他人的评价看得过于重要的善良之人，更是面临认识和接受自己的双重挑战。

认识并接受自己，它要求我们即便直面那些不为人知的自我，亦能坚定不移地采取正面的行动：在了解自己的缺陷后，不再需要向他人无谓地辩解；在犯错时，能够通过真诚的道歉与实际的补偿去修复损害；在真实地感知自己的情绪时，不会选择回避，也拒绝被它们所左右。

自我认同与接纳是一项艰巨的练习，这一过程的价值不言而喻——我们越是深入练习，离内心的宁静与幸福便越近。在遭遇挫折和沮丧时，我们可以如是自我告慰："我看清了自己的真实面目，并选择以爱与勇气去支持自己。"这是一场悄无声息，却又异常壮丽的自我成长。

漠视"差评"，保元气

很多老好人对别人的认可"上瘾"。他们想听到别人的赞扬，甚至以此作为自我评价的唯一标准，一个来自他人的负面评价就会对他们的自尊心和价值感产生很大影响。很多心理学家将这种行为看成"自我价值感低"或者"自卑感作祟"，但实际上，我们不必对此过于严苛。开始尝试了解和认同**真实的自我**，已然是进步中的美好尝试。

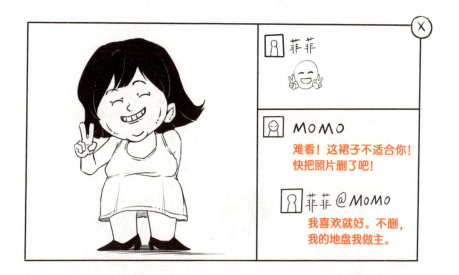

勇敢起来，漠视别人给你的"差评"。别人如何看待你，那是基于**他们的预期与视角**，与你无关。对于那些不愿对自己言行后果负责的随意批评，你无须将其放在心上。别让自己背负过重的外在期望和责任，学会尊重自己真正的需求，放手那些对你不再具有价值的评判和责任感。

把别人的评价太当真，不论是愤然反击以求得一时的清白，还是深埋心底不断回味，归根结底都只会为自己增添不必要的焦虑。记得，你的**内心平静**比任何外界的认可都更重要。透过这些纷扰，找到自己心中的宁静，是对自己最好的关照。

大胆展示，更自由

在重视别人的同时，老好人倾向于**隐藏自己**——无论是个人想法还是兴趣爱好。他们会担心自己的兴趣爱好被否定或嘲笑，被视为"奇怪"或"不合群"；或者更严重一些，因为这些爱好在自己身上，被别人认为没有价值。这种担忧会为老好人们带来一种羞耻感，进而让人觉得他们内向、老实，甚至木讷。这并不是危言耸听，老好人们总是缺少安全感，也不够自信，很容易被别人误解和轻视。所以，告别这种担忧和羞耻感就成了必修课。

你不必做到人人喜欢，尽情展示自己真正喜欢和感兴趣的事情吧，那些和你有共鸣的人会自发地被你吸引，走进你的世界。这是万物互联的吸引力法则，它悄无声息地在人际关系中发挥作用。去找到那些和你兴趣相投的人群，和他们共同分享你所爱的事物，在这样的互动和交流中，你会逐渐培养出自信与归属感。不必在他人面前无休止地讨好，当你开始忠实地展示真实自我时，**内心的力量和自由**便会随之而来。

第二章

会说"不"，掌握平等关系

在老好人的词典里，"不"这个字似乎是隐形的。无论何种社交场合，老好人们总是难以拒绝别人的请求，虽然他们行事出于善意，且确有帮助之实，但换来的往往只是一张"好人卡"，得不到相应的回报。

萨特曾说"他人即地狱"，告诉我们不要被他人的言行所左右。把习惯说"好"变成好好说"不"，把他人该做的事情还给他人，自己的人生用来刻画自己。平等才是交流的开始，和那些你想对他们好的人并肩而行，不要让你的善意将他们越推越远。

勉强应允，不如直接说"不"

我表妹下个月要来这里找工作，能在你家借住一阵子吗？

抱歉啊，不方便呢，我不习惯和陌生人同住的。

　　当不拒绝成了惯性，说"好"似乎是老好人的唯一选择。能满足很多人，当然是一种能力，但是每个人的能力都是有限度的，时间、精力或者说资源，总有耗尽的时候。如果你觉得自己无法妥善履行他人的请求，或内心实在倾向于拒绝，那么强迫自己答应不应当是首选之道。

　　勉强答应只会增加别人的怀疑和不适，觉得你不是真心帮忙。勉强答应也是对自己精力和能力的无理挑战，因为勉强完成的事情极有可能不如预期，而导致双方都因此不愉快。如果一件事注定要费力不讨好，不如**果断拒绝**。所谓拒绝就是舍弃，把完不成的任务丢一丢，轻装上阵，别给自己太大压力。

你的勉强，更像端架子

答应别人和端架子乍一看没什么关系，那么，不妨换个角度来思考：假设你带着礼物，面带微笑，诚恳地去寻求帮助，而对方却只是冷淡地应个"唉"，你会有何感觉？揪心难受在所难免。哪怕对方答应下来，你也会觉得他未必是真心，或者早晚找个由头拒绝你。处理事务本就是一个渐进的过程。如果始终心怀忧虑、夜不能安睡，这无疑是一种糟糕的经历——毕竟，寻求他人的帮助，我们追求的是**清晰的沟通和较高的成事率**。

在一个以人情往来为纽带的社会里，向他人求助在所难免，但大多数人这样做时都是带着勉为其难的心态。他们放低姿态，如果换来的不是一个明确和迅速的回复，内心将满是疑惑和委屈，很快这些感受会转变为"他在为难我"或"这人真会摆架子"的怨言。所以，当别人向我们寻求帮助时，若心中并无答应的意愿，那么恰当地表达拒绝是对双方都负责任的做法，这样可以避免给自己制造不必要的精神负担或给对方造成期望落空的失望。

勉强，令人焦头烂额

　　诺贝尔奖得主卡尼曼提到一种有趣的"**计划谬误**"现象："尽管你知道之前的大多假设都太过乐观，而你却依然严肃地相信，今天可以例外地完成清单上的任务。"所以，要学会合理地管理、评估自己的时间和任务，不因他人的不合理要求而给自己加码。如果你发现自己在勉为其难地做一件事情，并且感到焦头烂额，那就需要重新评估你的决定，并考虑把事情丢回原主。

拒绝，以免期望落空

　　积极心理学博士艾蒂尔曼提到了这样一个影响行为的想法："如果别人叫我做某事，我就应该去做。如果我拒绝，他就会对我有意见。我绝不做让朋友失望的事情。"这也是不少老好人帮助别人做事时的出发点。其实，如果真的不忍他人失望，不如果断拒绝。如果已经勉强答应，那么在帮忙的过程中，要及时和对方交流，**降低对方的预期**，同时也保持"甩掉包袱"的可能——真朋友是不忍心看着你受煎熬的！

拒绝的话，用幽默轻松说出口

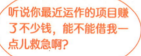

听说你最近运作的项目赚了不少钱，能不能借我一点儿救急啊？

嗨，我挣的那仨瓜俩枣还不够自己花的……等我哪天挣大钱了，咱俩再有福同享啊。

  很多人把拒绝别人一事想得过于严重。生活中确实有不可推脱，必须由自己完成的事情——它们很重要，又非你不可；然而，在大多数时候，合理的拒绝并不会影响我们的人际关系，不会拒绝才会。

  林语堂先生曾说："凡善于幽默的人，其谐趣必愈幽隐；而善于鉴赏幽默的人，其欣赏尤在于内心静默的理会，大有不可与外人道之滋味。与粗鄙的笑话不同，幽默愈幽愈默而愈妙。"面对他人不太合情理的要求，运用一点幽默拒绝，往往会带来意想不到的效果。幽默是社交中的调味品，既可轻松地化解尴尬的场面，又能巧妙地保持彼此间的和谐。在幽默的掩护下，拒绝不再是生硬的断言，而是一种**风趣机智**的交流艺术。

卸下包袱，自嘲解围

拒绝别人从来不是一件容易的事情。其中的挑战不仅在于如何清晰表达自己的立场，更在于让对方感受到尊重，不至于因为被拒绝而在未来的相遇中感到尴尬。理想的拒绝，是用巧妙的幽默来**缓和气氛**，让对方含笑接受这一结果。可是，很多人天生不善于言辞，尤其是那些心地善良、常担心影响人际和谐的老好人。他们在拒绝时，多半是出于对他人情绪的担心和对自身形象的维护，希望即便在必须说"不"的时候，也能尽量保持周围的温柔和谐。

> 我倒是想帮你做成这件事，但我实在能力有限，这些东西你还是拿回去吧……

对老好人来说，尝试**用自嘲解围**是很有效的方法。譬如提到自己曾经把别人委托的事办砸的经历，或者直言不讳地说明自己能力有限，让对方心里有数，就很好用。诺伐寇将自嘲称为幽默感中的重要组成部分："幽默感不只是发现好的笑料并加以戏谑，它还包括自嘲——不是作践自己，而是感激我们的情况还不算太糟。不僵直地面对困境，而是巧妙地与之周旋，反映了我们能够从坏事中辨别出不那么坏的事情。"

让拒绝展示善意

在面对别人的求助时，经过评估，若觉得自己确实做不到，此时尽量不要使用反讽的语气和词语，应该以有趣、轻松和友善的语气表示拒绝，要让你的**善意**认真传递给对方。可以出言安慰，或用其他行动来表示鼓励，以此表达自己的**关切**。比如你不想加班，不能分担同事的工作量，但可以赠送一杯温暖的咖啡，来获得对方的谅解。

表达忧虑，降低对方预期

直接拒绝当然更有效，但有时候过于直接和生硬的拒绝会造成不必要的紧张，让求助者心生不悦。不直接拒绝，一味地拿自己开玩笑当然不是长久之计，这时候可以**适当表达忧虑**。假设你已经答应了，但担心结果并不理想，不如哈哈一笑，夸张地表达自己的忧虑："说实话，我也没十足把握，这事儿要是办不成，咱们不会因此'友尽'了吧？"相信谁听了这种话，会心一笑之余都会降低自己的心理预期，无论结果如何都不会怪罪你，关系也不会因此变差。

反客为主，让对方知难而退

因为不好意思或者担心冲突含糊其词，不好好拒绝，反而会让对方觉得有希望，甚至进一步觉得你已经答应了。在和别人的交往中，掌握主动权是非常重要的。所谓**反客为主**，就是在与他人的交往或互动中，转变被动地位，主动掌握局面，以自己的意愿引导和决定事情的发展。反客为主强调的是主动权的转移，表示不再被动地接受别人的安排和要求，而是根据自己的意愿来推动事情发展，达到自己的目的。

当你反客为主时，你可以通过明确自己的立场、坚持自己的利益、提出合理的建议或替代方案，并作出决策，从而让别人意识到你的**决心和能力**，使得别人在交往或协商中意识到事情的难度，主动退让或妥协。

用情谊警醒对方

许多时候，不拒绝别人是出于人情，是为了以后"好见面"。人情是在交往中不断累积的，当别人来请你办事，这是在**兑现人情**；你答应帮他办事，这是在**累积人情**。如果你的人情只累积而不"消费"，久而久之，别人就觉得你的人情都是免费的，不需要回礼。这是对个人价值的极大否定。正如心理学者布莱克所说："作为个体，你的价值并不取决于你为别人做了什么。在某些时候对某些人说'不'，这绝不会减少你的价值或者你在他们眼中的价值，相反可能会增加你的价值。"

面对他人求助时，恰当地强调自己的价值，向对方传达这样一种信息：我乐于助人，但你也应当认识到，我和你一样，拥有自己的需求与期望。明确表达我们都是平等的，个体的权利与尊严应当得到相互尊重，这样的提醒并无不妥。自我尊重是互相尊重的基础。通过这种方式，促使他人在向你求助之前，先行权衡自己的行为**是否妥当**，确保在互帮互助中保持公平与尊重。

把问题还给对方

有时候拒绝是出于**自保**，特别是当某些要求不切实际、令人不快，或超出我们的能力范围时，果断地拒绝是明智之举，而未能解决的难题，恰当地归还给对方处理也是合理之选。

拒绝的艺术在于方法。我们无须粗暴地将问题推回，也不必勉强自己硬扛，以至于留下遗憾和愤怒。相反，我们可以巧妙地将问题自然而然地推回到发起者的怀抱。这既是一种策略，也体现了一种对彼此尊重和理解的姿态。通过这种方式，我们不仅保护了自己，也给予了对方处理问题的空间。

"我可以拒绝吗？"一句反问轻松带过，既给对方留了面子，也不至于太过尴尬。"这件事确实很难办。"用**肯定的语气**表达同情，让他们知道自己的诉求被感知到了，并降低他们的防御和警惕性。"我不确定能不能帮到你。"挑明自己的**协作身份**，表达自己的难处，说明自己不是主导，让他来思考自己的问题究竟要如何解决。在整个过程中，要气定神闲，不要让别人的烫手山芋落入自己手中。

用条件劝退对方

如果对方完全无视你的拒绝，坚持将他的事推给你来做，为了**掌握主动权**，你可以坚定而有礼貌地表达自己的立场。掌握主动权当然不意味着放弃沟通，消极抵抗。"消极作对是最后的防守。消极作对的一方毫不理睬，拒绝对话，取而代之的是冷漠或沉默。"情商研究学者从来不建议人们放弃沟通，"消极作对主要出现在走向危机的关系中。"

大多数人会回避负面的对抗，希望能找到办法优雅地说"不"，无须使人际关系受损。如果你发现自己无法满足某个请求，而对方又特别坚持，不妨尝试提出一个**备选方案**或一些条件和建议。这不仅展示了你愿意为其寻找解决办法的积极态度，同时也明确了你的立场和底线。如果对方不能接受你提出的条件，知难而退，那你就可以遗憾地告知对方你无法提供帮助；如果对方接受了你的提议，那么你便在这次协商中赢得了主导权，为未来的合作奠定了一个更为有利的基础。

借力打力，让第三方来说"不"

妈妈，小明的新滑雪板可酷了，你也帮我买套新的滑雪装备吧？

你的装备够多了，你爸不让我给你买新的了。妈妈相信你用旧的滑雪板也能滑得比小明棒！

在太极拳中，"**借力打力**"的原理指的是借用对方的力量，迅速转化为自己的攻击力，以增强自身的攻击效果。在我们的生活中，借力打力被视为一种有效的战略方法——通过合作、合理利用资源和借助他人的力量，可以在竞争激烈的环境中获得更好的效果和结果。

我们也可以活用借力打力的方法来拒绝他人，通过合理的解释和积极的沟通来传达自己的立场，同时利用外部的支持和参考，来增加说服力。哪里的力量能帮助你顺利拒绝别人，就可以借助哪里的力量——家人、好友、领导、身边的专业人士等，心理负担不要太大，把喜剧大师卓别林的话记在心里："学会拒绝吧！这会使你的生活更加美好。"

家庭让你快速脱身

　　身处熟人社会，许多人喜欢在饭桌上谈事，应酬在所难免。在某些宴会场合，难免会遇到些许好为人师、逼人就范的情形，他们以此树立威望，或是用以考验他人。如若不依其需求行事，宴席的气氛便能顿时凝固。这种场合要求我们在坚持己见与维护人际关系之间寻求微妙的平衡。易中天先生对此有过精彩描述："如果关系很'熟'，又在饭桌上，便可以请他帮忙，对方也多半不好意思拒绝。如果拒绝，等于把已然煮熟的东西再回生，岂不'夹生'？"

　　在饭局上婉拒他人，技巧与分寸尤为关键。能够以一种委婉的方式，同时照顾到对方的面子，来应对别人的强求或不明显的算计，不仅体现了超凡的人际交往技巧，也显露了一种成熟的社交风范。可以尝试一下**用关系来压住关系**。他逼你喝酒，觉得和你熟，那么你不妨把跟自己更熟的人抬出来，"家属管得严啊，回家键盘、榴梿、洗衣板，每样都吃不消。"这样的话略带自嘲地说出来，他人哈哈一笑也就放弃了。

借一借领导权威

借力打力是一种战略思维和行动方式，通过合理利用**外部资源**和借助**他人的力量**，来增强自身的能力。这种方式可以帮助个人、组织或企业在竞争激烈的环境中取得更好的结果。在工作中，如果遇到了为难的事情，不妨把自己的领导请出来。千万别怕领导觉得麻烦，出事找领导是人之常情，而你的领导应该也很乐意在这个时候为你挺身而出，解救他的下属。

适时地以礼貌而坚定的语言拒绝请求，既能保护自己的时间和资源，又能维持良好的人际关系。试试这样表达："我真的很想帮你，但是我的领导已经安排了其他紧急任务给我，所以我没有时间来处理你的请求。"将责任归结为**时间管理**问题，顺便还表明了对任务的重视和对他人请求的尊重。"因为领导安排，所以时间冲突"要比"我们领导不许我们接别的部门的活儿"好上许多，避免了对领导或组织可能产生的任何不良印象。这种交流方式也为未来的协作留下了余地，显得非常专业和妥帖。

专业人士来帮忙

借力打力，其实是借别人的口，说自己的话。将不好意思拒绝的事情，推到**不在场的人**身上，两个人都能减少尴尬。和借家庭、领导的力不同，当借专业人士的力时，很多平时不好说的话，完全可以直说。坦率地表达自己的拒绝理由，让对方明白你无法满足他们的需求或期望。对方就算有疑惑或不悦，有专业人士的名头在外，他也不好当场发作。

利用业内专家的见解或市场领袖的观察来辅助决策或拒绝某些要求，是一种聪明的策略。不用局限专业人士的范围，除了大夫，你还可以用专家观点、行业牛人的判断来支持你的决定。**"听从别人的建议"**是很好的拒绝方式，显示了你的决策是基于专业意见并非个人随意行为，还传递出你对合作关系的重视，并鼓励对方理解和接受你的立场。用这个方法拒绝他人的请求，没有谁会当场生气，激烈地指责你；也没有人追在你身后逼迫你听他的；更不会有人因此反对你，甚至和你绝交。勇敢说"不"吧，没什么值得害怕的。

适当拖延，否定意见间接提示

　　如果没有人情世故的牵绊，老好人们也希望能够直接而真诚地表达拒绝，然而，有些话说出来确实伤面子伤交情，如果对方比较敏感，还容易从此留下心结。

　　成年人的拒绝都是**心照不宣**的。比如，你没有明面上拒绝，而是说"研究研究""考虑考虑"，大多数人都会明白这是在婉拒，而一部分人却会以为你只是需要时间思考，自己还有机会。这时候拖延时间可能会导致误解和沟通障碍。鉴于此，在决定"拖一拖"之前，要给对方一些信息作为铺垫。当对方提出要求时，你可以暗示自己时间有限，并把**主动权**握在自己手里。例如，你可以说："我最近非常忙，腾不出时间。你让我考虑一下，如果我能做，我会联系你。"

冷一冷，但要适当

有能力帮助别人不是坏事，从积极的角度来说，别人找你办事是对你信任，是"高看你一眼"；当自己确实无法满足对方的请求，只能拒绝的时候，**拖延一段时间**，审慎选择机会，也让对方再想一想，可能会让原来的尴尬场面有所缓和。不扫别人面子，也显得自己谨慎，有将对方的事情放在心上。

在用拖延法的技巧时要注意"**预期时间**"，避免使用"尽快""稍微等等""不好说"这类模糊的词语。生活中，大家各有各的任务优先顺序，很容易因为理解和期望不同对同一个词有不同的理解。"尽快"就是一个很可怕的词——你认为的尽快是五天，而他人的尽快很可能只有五个小时。使用模糊的措辞或含糊的语言来暗示对方你在拒绝，然后仍然要约定一个再次沟通的时间。你可以说，"这可能有点困难"或"我得看一下我的时间安排"，但这不应该是结束，而是要再补充一句"你先问问别人，不行再来问我"。这样你为自己的拒绝留出了一个缓冲期，也给了对方一定的余地。

用肢体语言暗示拒绝

肢体语言也是传达信息的一种方式，在人际交往中是非常重要的。肢体语言不仅能够传递自信、热情、紧张或是不悦等复杂的情绪，而且还能无声地修饰和强化我们的言语，提高对话的效果。例如，当我们在一些社交场合需要以巧妙的方式表达拒绝，而口头直接说出又显得不合时宜时，巧妙地展示一些肢体语言，能有效传达我们不言而喻的意图。

与对方保持一定的社交距离，在对方靠近时远离他；避免与对方进行直接的眼神接触；避免主动的身体接触，做出**防御姿态**；将身体稍微转向一边，而不是面对着对方……这些方法都是用肢体来表达拒绝。但是，需要注意的是，肢体语言的解读因人而异，可能会产生不同的理解，最好还是配合语言来使用，避免对方误解。比如做出以上暗示的时候，适时的沉默、轻微的叹气和欲言又止都是你试图拒绝的表现。

用更重要的事情作对比

人情面子大过天。在我们的社会里，很少有人对这句话提出异议。不论是相见时的寒暄——询问彼此近况，还是进一步关心对方家人——比如家人的身体状况、孩子的恋爱状况，这些看似琐碎的细节却是社交互动温暖人心之处。求人办事和帮人办事都是人情往来，避免不了。我们讲人情，自然就有亲疏远近，如果有更重要的事情摆在前面，那么**拒绝次要事情**就在情理之中。

在面对别人的请求时，用更重要的事情和此刻别人请求的事情对比，一来暗示了**重要次序**，二来表明了你对别人请求的关注，还恰到好处地传达了自己的难处。布置会场和亲人的婚姻大事哪个更重要？这样暗示一下，稍通人情的人都会理解你，不会再强求你帮忙了。生活中这样类似的情景随处可见，当更加紧要的事宜排在前头时，优雅地回绝那些相对不那么重要的请求，就成为一种理所当然的选择，而这也是社会交往中既定的智慧和高情商的体现。

委婉表达，拒人拒事留足人情味

社会学家们普遍认同，人情是人与人交往中的核心要素，它涉及认知、情感以及意图等与态度相关的复杂成分。"会做人的人，总是能够表现出关心他人、尊重他人、处处以他人为重、时时替他人着想的心理倾向。"

在拒绝他人请求时，维持一种积极且尊重的姿态，表达合作的意愿和认可对方的价值，这不仅有助于保持和谐的人际关系，也能为未来可能的合作打下基础。不好正面拒绝时，就采取**迁回战术**——转移话题、拿别人当挡箭牌、适当拖一拖等。通过学习含蓄而礼貌的表达方式，可以尽可能地避免过于直白或冒犯性的语言，确保拒绝的方式不显得粗鲁，要做到亲切而不失礼貌。

听人把话说完

人人都有自尊心。当有求于人时，大部分人都有些惴惴不安，担心被拒绝。如果上来就说"不行"，势必会伤害对方的自尊心，让人产生强烈的不适感。有些忙要帮，有些事要拒，现代社会节奏快，确实时间很宝贵，但是听人把话说完是最基本的礼节，体现你对他人的**尊重和关注**。如果别人刚开口，你就断然拒绝，或者漠然处之，那么在别人看来，很可能你拒绝的不是这件事，而是他这个人。如果再在对方眼中上升到"瞧不起"的程度，那么对人际关系将是很大的破坏。

认真倾听对方把话说完，能让你捕捉到其全部的观点、思考和感受。这种做法有助于你深入了解对方的**动机和所需**，从而做出更为贴切的回应。如果你在对方还没有说完时就打断或表达自己的观点，可能会误解对方的意思，导致不必要的冲突。在听人把话说完的过程中，你可以形成自己的判断，也给了对方再次衡量自己的要求是否对你来说有些过分的机会。

态度温和，肢体放松

拒绝他人往往会产生一定的不悦感。委婉地表达拒绝，可以缓解彼此的心理压力，避免对话中断的尴尬。委婉拒绝并非一种敷衍或自视甚高的轻佻举动，而是一种维护未来沟通可能性的策略，它承载着对对方的尊重与希望。通过这样的交流方式，我们不仅展现出对对方立场的考虑，也为可能的后续对话留下了开放的空间。委婉的语言表达要和**肢体语言**相符："如果一个人说的话与他表现出来的声调、姿势或其他**非言语**方式不一致，那么他真实的情绪在于他说话的方式，而不在于他说话的内容。"

肢体语言的细微差别能极大地增强拒绝的说服力，使其显得更为诚恳，同时传达出更多积极的**情绪信号**。传播学研究的一个经验法则是90%或以上的情绪信息是非言语的。非言语信息——声调里的焦虑、快速动作中所包含的怒气，通常会被对方下意识接受。在拒绝别人的时候，保持微笑，肢体语言放松一些，最好让别人觉得如沐春风，就算"被拒绝了，好像也没什么大不了"。

懂人情，留面子

在拒绝别人的时候，优先要考虑的是对方的**感情和自尊**。换句话说，委婉拒绝处理的是情绪上的问题，目的在于同时维护双方的颜面。谁也不想因一次拒绝就令彼此间产生隔阂，让双方感情变淡，也没有谁愿意因为一个不合适的请求就和对方断交。委婉地拒绝，是一种艺术——它需要诚挚与同理心的完美演绎，只为让双方即便在分歧中也能彼此保持尊重与情谊。

拒绝对方时，最佳策略是为对方**留一条退路**，也就是给人留面子、给台阶下，这种方式可以最大限度避免难堪。当有人向你提出请求，在倾听之后，你的内心早已做出决定。婉拒他们时，不妨同时提出一些可行的替代方案，让对方有选择的空间。若对方接受了你的建议，那么在执行过程中，适时表达对他们后续情况的关心便显得尤为贴心。"顺利到达目的地了吗？""司机开车还稳当吧？"这样的关怀不仅体现了你对对方的关心，还巧妙地肯定了自己的替代方案，何乐而不为呢！

先拒后礼，让拒绝多一些温度

拒绝一个人，无论说得多么委婉，多么合情合理，对方也未必完全接受，可能还是会感到失望和不满。如果期望之后仍能保持亲密往来，那么在表达拒绝之后，应采取"**先拒后礼**"的策略。

先拒后礼，当然不是要马上给别人送礼物，这是一种心虚的表现。在我们的文化语境里，"礼"包罗万象，"道德仁义，非礼不成"。拒绝后的"礼"可以是礼貌的礼，也可以是礼节的礼、礼让的礼，当然也能是礼物的礼。林林总总，无论怎么去做，最关键的是在拒绝时不失温度和尊重——确保在传达自己的立场的同时，也体现出对对方情感的考量与尊重。这样做既明确表达了你的态度，也保留了友谊的温度，为今后的关系搭建了一座桥梁。

拒绝别人后,礼数要周到

人人都喜欢被别人赞美和肯定,这是人的天性。当拒绝说出口的那一刻,可能暗示着对对方或其提议的否决。在这样的情景下,若想维系关系,就必须更加注重随后的礼仪。想要做到真挚而不虚伪,**同理心**的作用就显得格外重要。同理心是一种理解他人情绪的能力,如果我们对他人的需要缺乏感应,且不觉得有任何愧疚,那么任何表面的礼数都显得空洞。

> 抱歉啊,上次因为出差,没赶上帮你搬家。我带了份小礼物给你,看喜欢不?

> 嗨,没事儿……太谢谢啦,出差还不忘给我买礼物!

首先,拒绝别人的时候,试着肯定对方的需求和努力,并表达对对方的理解。这样可以让对方感受到你的**尊重和关心**。拒绝人时先肯定对方:"我明白这对你很重要,你的考虑非常合理。"无论对方的要求是否合理,拒绝之后都要诚恳地说声"抱歉",也可以加上"辜负了你的信任"这样的委婉说辞。结束交谈时,可以热情而抱歉地握握手,将人送离,得体地告别。有礼数并不是多事或者麻烦,正如流传甚广的那句话:"你想要别人如何对待你,你就要如何对待别人。"

主动提供出路

　　拒绝了别人以后，需要适当表示自己的歉意，可以用实际行动展现自己在为对方着想。在对方左右为难时，尝试为对方提供其他可行的**解决方案或建议**，以帮助对方达到他们的目标——引荐其他人帮忙、换思路解决问题、提供部分资源等。让对方知道你在关心他的需求，在努力为他找到出路。当你礼数周到时，无论对方是否采纳你的建议，他都能感受到你的诚意与尊重。

时过境迁，不经意时聊苦衷

　　能够有机会清楚地阐述自己无法答应他人请求的原因，并让对方理解你的处境，是一件非常难得的事情。无论是在拒绝时还是时过境迁以后，能够讲出自己的苦衷，**化解心结**总是好的。但是要注意的是，当你分享这些困难时，应避免陷入过多细节或不必要的解释，只需简明地阐释个人的难处，同时与对方一同展望将来可能的合作或交往，让对方感受到期望而非失望。记住，过多地强调拒绝的理由只会加深对方的负面情绪，反而不利于双方未来关系的发展。

第三章

有主见，守护爱与幸福

主见，顾名思义，是有自己的看法，有主见的人能独立思考、判断，并且能够坚持己见和明确立场，他们会基于自己的价值观、经验和知识来做出决策和表达意见；不想拒绝别人，总是违背自己的意愿而对别人说"好"，实际上是缺少主见的表现。

自我意识的觉醒，是拥有幸福人生的重要条件。有主见，知道自己真正需要的是什么，不会轻易受他人的影响。这种积极主动的态度使他们更容易在自己的生活中找到满足和快乐，也能够守护好家人，并获得幸福。

关系有远近，感情分亲疏

  费孝通先生在谈到亲疏远近的人际格局时，提出了很著名的比喻：像把石头丢在水面上所发生的一圈圈推出去的波纹，以己为中心，自己与他人产生社会联系。这一比喻生动地描述了个人在社会中所处的位置以及与外界联系的动态变化。

  分清关系的远近和情感亲疏很重要，能够帮助人们更加**有效地处理人际关系**，并在不同的情境下做出明智决策。生活中，有些关系就是比较亲密的，比如家人、友人和密切合作的同事，存在较为频繁和密切的交流和接触；而另一些关系较为疏远，例如一面之缘或者只有简单接触的人。假如泛泛之交和你要好的朋友同时向你借一百元钱，该优先答应哪一边？你不假思索的选择，就是划定远近亲疏的理由之一。

有选择，高效处理社交问题

在处理社交事务时，辨识**亲疏远近**的关系至关重要。它有助于我们精妙地调控人际网络，确保能够把宝贵的时间、精力和资源都集中投放于那些对我们最为重要的人身上；能促使我们的生活更舒适和高效，有更多的时间分配给与我们关系亲密的人；还能最大限度地降低误解或纠纷带来的负面情绪和困扰。

分清关系的远近层次，意味着我们能够识别哪些人是我们生活中的亲密伙伴，哪些是我们的日常熟人，哪些只是点头之交。追求绝对的平衡使人太累，也不切实际。不要想一碗水端平，一来端不平，二来试图将远近亲疏一视同仁，更容易伤害亲近人的心。帮一个泛泛之交搬家，不如接受一个挚友的聚会邀请；曲意迁就为一位同事提供便利，不如提早回家与家人共度时光；答应一位酒肉朋友的邀约，不如投入时间多陪孩子……优先考虑那些在我们生命中扮演**核心角色**的人，因为他们对我们的意义重大，且不可或缺。

有边界，人际关系更健康

　　分清亲疏远近，其实是在无形中建立一种边界感。在人际交往中，边界感是个人在与他人交往中识别、建立和维护**个人空间**和**个人界限**的能力和意识，是一种重要的个人修养，也表现为对他人和自己的尊重。分清亲疏远近，有助于建立健康的人际关系：在疏远的关系中，人们可以保持一定的距离，减少冲突和摩擦的可能，同时保持礼貌和友善的交往；而在亲密的关系中，人们可以更加坦诚和深入地交流和沟通，分享更多的情感和支持，从而增加生命的厚度。

　　对那些没有边界感的人，不要唯唯诺诺地说"好"，要勇敢地说"不"。清晰而坚定地拒绝不需要敌对，但必须明确无误。当一个无关紧要的异性朋友打来电话，让你半夜去接她时，你大可以**明确拒绝**，并表明自己重视家人感受的立场，把温暖留给家人，而不是披星戴月地离开家里，去做一个随叫随到的"中央空调"。用你的拒绝告诉身边的人，你知道好坏，懂得知恩图报，同时也向他人传递你对自身价值的肯定和尊重。

有重心，实现个人幸福

　　如果热衷于成为人人眼中的好人，由于太过担心他人失望或不愿引发冲突，便有可能沦为不分亲疏远近的老好人。这样的人难以拒绝请求，不加区分地对待每一个人，无视重要性或与自己的亲近程度。这实际上是一种错误的认知——以他人的评价作为我们所有行动的核心。生活的真正重心应是对**自我价值**的认知和对**亲密关系**的维护，而不是不加选择地追求他人的认可。

啊，酒局我就不去了。我正在外面陪孩子玩呢，下次提前约吧。

　　"相较于客观因素，生活中的主观因素于我们的幸福与快乐更加重要。"叔本华的话提示我们主观认知的重要性。别人对自己的评价并不能为幸福生活提供直接的支持，它们更像一种佐证，并不能满足人们的真实需求。"活在别人的口中"是普遍的误区，如果能够早日摆脱，那么内心的平静和快乐将会更早来临，心态也将更加坚定，窘迫和约束也将大大减少。找到生活的重心，关注真正亲密而有益的人际关系，能让人逃离受制于他人评价的生活，回归**自身的需求**，并因此获得支持、安全感和幸福感。

忍气吞声，忍不了一辈子

　　忍气吞声是指在面对冲突、不公平的情况时，不表达自己的**真实感受和意见**，而选择默默忍受的行为。许多人将重耳流亡、勾践卧薪尝胆、张良受胯下之辱作为典范加以景仰。诚然，在追求伟大志向的征途上，忍耐是一种力量，一种为了未来的巨大成就而暂时忍辱负重的必要品质，但这样的例子并不能一概而论地适用于生活的所有领域。

　　没有人能够忍一辈子，当你觉得自己在顾全大局，做出牺牲，而别人只会觉得"这人很傻"。每个忍气吞声的人内心力量都很充沛，不要忍到身心俱疲，或者"活该"的标签撕也撕不掉的时候，才意识到反抗的必要。适时地为自己而发声，维护个人的尊严和权利，才能真正做到心平气和。

压抑情绪，有损健康

人生在世，忙忙碌碌，总有受委屈的时候。有人觉得，忍忍就过去了，郁闷时候吃点好的，或者出门散散心，但往往治标不治本，解决不了因长期压抑、忍耐所导致的**情绪困扰**。长期压抑情绪会影响心理健康，对身体的健康也会产生许多负面影响：当我们在内心深处积累压抑的情绪时，它们可能会转化为身体上的疼痛，出现消化问题、睡眠障碍、免疫系统问题等；压抑的情绪还可能导致焦虑、抑郁和应对能力下降；此外，长期的情绪压抑还可能增加患心脏病、高血压、糖尿病等慢性疾病的风险。

情绪对身心健康的影响不容小觑。尼采说："最有力量的人不是将愤怒和悲伤压在心里，而是将它们转化为**创造性的力量**。"打在自己脸上的巴掌痛的只会是自己，没有行动力的负面情绪只会刺激自己的神经系统，影响食欲和睡眠质量，并不会扭转不利的局面。不要用伤害自己的方式来舒缓情绪，而是要冷静想一想如何解决问题，这样，我们方能以积极的态度，迎接生活中的每一个挑战。

鸵鸟心态只会让事情变糟

鸵鸟心态是指人们面对问题、困难或冲突时选择逃避或回避的心理——**不愿面对问题**、回避沟通，不去解决困难，希望问题会自行解决或幻想问题不存在。鸵鸟心态可能带来一时的安宁，但矛盾和冲突不会消失，即便用各种手段拖延发生，早晚有一天也会爆发，甚至因为拖延而变得更难处理；鸵鸟心态还会阻碍及时沟通，当一方选择逃避或回避问题时，另一方可能会感到沮丧、愤怒或被忽视，长此以往，关系变得紧张，信任也会减少。

想要摆脱鸵鸟心态，关键在于敢于**正视现实**——接受问题的存在，具备面对困难的勇气、与直视问题的坦诚，以及维护沟通渠道畅通无阻的决心。与其一味压抑自己，不如学会积极地表达自己的想法、情感和需求，并寻求一个双方都能接受的解决方案。虽然这个过程很艰难，但每一步都值得去尝试。通过创造开放的对话机会，积极倾听与共情，我们可以寻求到令双方都满意的解决方案，也能在互动中深化理解，夯实信任，共同成长。

忍耐是手段，不是目的

"忍一时风平浪静，退一步海阔天空。"忍耐是一种困境中很珍贵的品质和能力——一个人在逆境中保持镇定、冷静和耐心，并继续做自己的事情是很难能可贵的。西汉史学家司马迁在遭遇腐刑、身心煎熬的情况下，忍耐数年终成巨著《史记》，这种"大忍之心"非常人不可及。而在现实生活中，忍耐也是一种人生智慧，可以帮助我们更理智地处理冲突和矛盾，提供我们缓冲的时间，让我们更冷静地思考问题，并寻找解决方案，以避免情绪化的反应。

为了我的理想，我能够忍耐来自高位者的折辱。

忍耐是优秀的品质，也是行事的手段，但是忍耐并不是人生的阶段性目标，更不是最终的目的。如果忍耐仅仅是为了迎合他人，那么这样的忍耐便失去了它本该具有的价值。忍耐必须建立在自尊、自爱和正确判断的基础之上，应该有助于我们的成长和发展，而不是被动地接受伤害。我们应时常问自己：我们的忍耐是否有助于真正地解决问题？如果答案是否定的，那么我们需要重新考量并采取行动，以维护自己的权益和幸福。

"保姆式"付出，换不来感恩的心

作文

我的妈妈是个没用的家庭主妇，她每天除了干家务，什么都不会⋯⋯

　　一个人在一段关系中过度地付出，为对方提供帮助、照顾和支持，常常被称为"保姆式"的付出。这种付出是全方位、超规格、任劳任怨的，却往往得不到好的回报。合理的关心与帮助无疑是宝贵的，但如果无度而为，就容易令人产生一种被包办的不适感。当我们像保姆一样为他人周全考虑时，不仅剥夺了对方独立自主的机会，也潜移默化地培养了对方对这种付出的依赖性。这时，付出者和接受者的关系变得失衡，原本期望的感恩之心也变得难以企及。

　　我们不需要停止付出，而是要保持"给予"和"共赢"的心态，确保我们的付出是建立在尊重个体成长的基础之上，这样的付出才更有成效，更能收获内心的平和和对方的真心感谢。

小心付出变炫耀

临床心理学家曾发现这样的一个现象：有些被帮助者会在受助中看见自己的无能、弱小和卑微，并认为帮助他的人是在施舍他、轻视他，向他炫耀自己的成功和优越。他们会在心里产生仇恨、嫉妒等负面情绪，而非真正的感激。随着时间推移，这种负面情绪还会增加。因此，我们在保持内心的善良和同情心的同时，也要保护自己的**利益和底线**。当别人恩将仇报时，及时止损，将善意给予那些真正需要、值得你付出的人。

多做多错，被嘲讽

俗话说："多做多错，不做刚刚好。"很多时候，**过度帮助别人**是一种费力不讨好的事情。在心理学中有一种现象叫感觉适应，指的是一个人在经历连续或重复的刺激时，对这些刺激的感知和反应会逐渐减弱。长期"保姆式"的付出正是印证了这个现象：你做得好，是应该；做得不好，是你的不对。所以，不要让别人把你的付出当成习惯，这是帮助别人的重要原则。

警惕 "农夫与蛇"

受助者的人品和三观各有不同，有些人可能会误解帮助者的善意，甚至利用这份好心为自己谋取更多私利。著名的"农夫与蛇"的故事就是因为蛇不理会农夫的善意，将自己的救命恩人咬死了。

帮助别人要有度。帮助别人前要注意观察他的人品和行为，看看他是否需要帮助，是否值得帮助；帮助别人的程度要适当，不要别人需要一杯水，你却给他一片海，显得他过于无能，而对你产生嫉妒情绪；此外，实践 **"救急不救穷"** 的智慧，避免将帮助人变成一种周期性责任，否则当你无法提供持续性帮助时，受助者可能会滋生埋怨与怨恨。最后，帮助别人的方式要适当，切忌将不需要之物强加于人，防止触发他们的反感。提供帮助旨在助人渡过难关，而非造就依赖性强、索取不休的"吸血虫"。帮助他人走出困境，更重要的是引导他们迈向自给自足，最终不再需要我们的救援。这是互助的真谛，也是我们行善的最高境界。

对"熊孩子"，不能有求必应

"熊孩子"一词起源于网络用语，用来形容那些行为举止调皮捣蛋、不听话、缺乏教养或者故意为难他人的小孩。这类孩子通常给父母、老师或其他成年人造成较大的麻烦和挑战，他们的行为控制力相对较差，常常需要额外的注意和管教。

教育心理学认为，孩子的行为往往会模仿父母或受到父母的影响。父母的**行为模式、态度和价值观**会在孩子的成长过程中起到重要的示范作用。如果孩子在家庭中没有得到正确的引导和肯定，那么不良行为发生的频率要远高于其他孩子。不对"熊孩子"有求必应，是为了帮助他们树立正确的价值观和行为准则，培养他们的自主能力、责任感以及适应能力，以更好地面对未来的挑战和困难。

所有权的确立

教育家毛斯特尔在强调家庭教育重要性、共同成长的时候，说："教育一个孩子，就是同时教育他的父母。"作为家长要懂得孩子的成长轨迹。孩子在婴幼儿"**全能自恋期**"，觉得所有东西都是"我的"，是他们正在建立自我意识和自我概念。如果孩子已经过了幼儿期，还觉得"所有的东西都归我"，举止横行霸道，待人没有礼数，那么作为家长一定要对他多加管束。

懂规矩，有教养

有求必应体现在家庭教育上，还有另一个词——溺爱。俗话说："惯子如杀子。"长期溺爱孩子会让孩子缺乏独立性，没规矩、没教养。**规矩和教养**是社会交往的基础，教会孩子规矩和礼貌能帮助他们更好地承担各种角色，与他人建立良好的关系，并顺利融入社会；规矩和教养的培养有助于形成孩子良好的品格和形象，孩子学会如何尊重、关心他人，以及如何以礼貌的方式表达自己的意见，将会受益终生。

自制力是成长必备

　　"熊孩子"在面对冲动和诱惑时，常常难以抑制自己的行为。他们缺乏自制力，不懂得自我调节，时常在愤怒的驱使下败坏规矩，任性地展开一系列不受约束的行为。这种现象的背后，有两个主要的原因。首先是生理因素，年幼儿童的大脑发展尚未完善，**自我控制和延迟满足**的能力较为有限。其次，是缺乏有效的外在引导——许多孩子并未得到必要的家庭或教育机构的正确指引，导致他们在行为表现上显得难以驾驭。

最后再看10分钟好吗？超过10分钟不关电视就没有睡前故事听了哦。

好！就看10分钟！

　　想要培养孩子的自制力，就要为他们**讲明规则、树立边界**，并给予适当的奖励和惩罚。家长一味地说"好好好"，认为孩子"长大就好了"，只能是自欺欺人。当然，并非所有"熊孩子"的行为问题都是家长的问题——孩子的成长环境和个人因素也会对其行为产生影响。但在孩子的教育过程中，家长起到了至关重要的作用是毋庸置疑的，负责任的家长要关注孩子的行为，提供恰当的教育、引导和健康的家庭环境，从而帮助孩子成长为有素质和责任心的人。

婆婆不是妈，你得有距离

"百家有好女，百家无好媳。"这句话说出了婆媳关系的复杂和无奈。很多儿媳妇会觉得如果将婆婆当成亲妈来看待，真心对待、多顺从，就能解决婆媳问题，实际上却发现委屈一箩筐，根本行不通。

把婆婆当亲妈来看待是一种**理想化的期望**，实际上很难实现。首先，母女之间有着特殊的血缘关系和情感纽带，而婆媳之间并不是直接关系，中间隔着丈夫；其次，婆媳之间存在着不同的背景、习惯、价值观和生活经验等因素，这些差异都容易带来摩擦；最后，婆媳关系是在后来的婚姻关系中形成的，感情和亲密度也很难达到母女之间的程度。想要拥有融洽的婆媳关系，放弃婆婆是亲妈的想法，和婆婆保持一定距离才是解决之道。

不自责，不指责

　　俗话说，清官难断家务事。解决家庭问题的关键不在"道理"，而在于"情"。婆媳之间的差异是不可避免的，无论是生活习惯、价值观还是教养方式。接受彼此的差异，意味着不将自己的方式视为唯一正确的方式，同时也不要期待对方完全适应自己。"各抱一摊儿，各管各的。"每个人都有自己的角色和位置，**尊重对方**，把自己的事情做好，不自责、不指责，才能共同为家庭贡献力量。

多赞美，肯定对方付出

　　现实生活中，婆婆和儿子之间的矛盾，常常会变成婆媳之间的问题。明明是儿子错了，婆婆却会认为"都是儿媳妇教的"；明明儿子大了疏远母亲，她也会觉得"有了媳妇忘了娘"。媳妇作为家庭的外来者，承受了婆婆的偏见。俗话说"伸手不打笑脸人"，平时多赞美婆婆，肯定她对家庭的付出，遇到问题让做儿子的出面解决，自己**远离焦点**，未尝不是一种解决婆媳矛盾的方式。

调整期望，更潇洒

　　将婆婆视若亲生母亲，是一种过于理想的想法，导致许多人在婆媳相处中感受到委屈，却忘记了婆媳关系的复杂性。它不仅仅是两人的关系，而是夹杂着丈夫这个关键人物。要想和谐地与婆婆相处，关键在于重新设定期望，明白并非所有事情都能通过自身的付出与妥协来实现。承认这一点，并不是逃避责任，而是理性地**分担责任**。只有当我们摆脱不必要的心理负担，才能以清晰的头脑和宽广的心胸，建立起更为健康和谐的婆媳关系。

　　对婆婆期望值高，实际上也是对婚姻生活过度理想化的延伸。不要把过多的期望放在婆婆身上，平时以礼相待、相敬如宾，和婆婆保持一种"搭把手"的关系。不妨把婆婆想成一个很重要的同事，虽然在年龄和经验上，可能存在一定差异，但是通过互相理解和尊重，大家能拧成一股绳，共同应对家庭的挑战。**换个角度思考问题**其实比什么都重要。

有一种修养，叫"熟不逾矩"

　　"做羹要讲究火候，火候不到，众口难调；火候过了，事情就焦。"做羹如此，人际交往亦如此，既要对人热情，也要保持适当的距离。若过于亲近，而模糊了交往的界限，就可能导致人际关系的急剧转变，甚至可能使原本稳定的关系出现裂痕。

　　熟不逾矩指的就是一种和人交往时的底线意识，和人保持适当距离，也是一种大家都欣赏的社交自觉。每个人都是独立的个体，有自己的习惯和做事风格，不要对别人的偏好挑三拣四甚至粗暴干涉。如果真的想让关系长久，就不揭短、不为难、不打听、不横加干涉，不强迫对方变成自己想要的样子。正如流传的金句："人和人相处的最好方式，不是不分你我，而是熟不逾矩。"

不能口无遮拦

　　总有人觉得关系亲近，就可以口不择言，肆意说伤害对方的话，还觉得是和对方推心置腹，不拿对方当外人。实际上，"良言一句三冬暖，恶语伤人六月寒"。受伤的一方或许会选择默默忍受，并不会直接反驳，但心中难免会有刺痛之感。越是亲近的关系，彼此间的**信任愈深、戒备愈轻**，一言乖张，疼痛便格外深刻。那些无心的话语，往往会在亲近的人心中留下难以愈合的裂痕，影响彼此之间珍贵的情谊。

　　构筑信任如同砌一座城，需要时间的沉淀和堆积，但它的瓦解却可能仅在一瞬之间。如果我们珍视这份来之不易的情谊，便应当保持适宜的距离，在日常相处中多说欣赏的话，绝不口吐恶言。这并非虚伪，而是真正地珍视对方，用温柔和体贴作为特别的友情馈赠。在深厚的人际关系中，我们需要接纳和理解对方的缺点，尊重彼此的感受。比起冒犯对方、恣意挥洒伤害性言语，我们不如给予关怀和赞美，以此来保卫和巩固这份意义非凡的关系。

不为别人做主

　　人和人关系越好，越容易做多余的事。有时会自认为非常了解对方，能够猜到别人的喜好，冲动地为对方做决定。"**己之蜜糖，彼之砒霜**。"世界上没有两片相同的叶子，没有人能够完全了解另一个人，也不能完全站在别人的角度思考问题。在面对重大选择时，哪怕一个人阅历再深，也不能完全判断未来的走势，意外总是要发生，再聪明的人也不会每次都对。如果盲目替别人做了决定又没有起到好的效果，对方遗憾时，难免要将责任推到你头上，你的内疚和对方的失望都会影响两个人原本亲密的关系。

你和他趁早分吧，这么差劲的男朋友，不分难道要留着过年吗？

　　在他人面临重要的人生抉择时，我们应该学会保持沉默。我们能够为对方提供慰藉与陪伴，给予其在抉择过程中的温暖与支持，但切记不要"**背负他人的命运**"。每个人都必须走自己的道路，我们或许能暂时伸出援手，却无法永远为他人引路，让他们按自己的意愿选择。

保持距离，才有新鲜感

作家三毛曾提醒我们："朋友再亲密，分寸不可差失，自以为熟，结果反生隔离。"爱情需要神秘感，其他人际关系也是。人天生充满好奇，具有**探索欲**，如果认为自己已经百分百了解对方，那么怠慢和轻视也就随之而来。常言道："距离产生美。"一旦双方过度熟稔，失去了相互之间的敬重，那么缺陷便会放大到难以忍受的程度，终至关系的破裂。因此，即便在最亲近的关系中，也要保持适当的神秘性和距离，这是关系保鲜的必要之道。

不要把关系中所有的神秘感耗尽，让别人觉得已经将你看透，要保留个人的空间和一份神秘感。情感的过于投入常显得廉价，正如那句古话所警示的："**过犹不及**。" 如果对方不明白适度的重要性，那么你就需要自行后退，适时保持距离。这不仅是对彼此尊重的体现，也是对关系长久稳定的细心呵护。

第四章

有态度，交友择善而处

　　"友情对人来说，是非常重要的东西。夫妻、亲子、兄弟姐妹、上司和下属，当所有的人际关系逐渐深入时，应该会发现其基础也是友情在发生作用。"心理学家河合隼雄讲述成年人的友情时这样说。

　　为了获得好人缘，人们会付出许多。孔夫子讲"择善而从之"，交朋友也是一样。老好人往往因为其乐于助人的特质而受人爱戴，但要注意保护自己的边界和需求，以避免被利用或受到伤害。建立健康的人际关系需要互相尊重、均衡和互惠，而不仅仅是单方面的付出甚至牺牲。

拒绝

好人缘，不是随叫随到

　　当人们渴望被他人接受和想融入某个群体时，会不自觉地拉低自己的意愿和需求，为了与他人保持和谐而牺牲自己。这种"合群性偏误"会导致自我评价变低，个人利益缺失。如果为了合群，什么要求都答应，什么邀请都去，什么角色都扮演，就等于将自己处于不利位置，不仅长久吃亏，还容易被他人看轻。

　　好人缘究竟是什么很值得思考。是别人以你为重，有好事儿第一时间想到你；是别人什么事都让你帮忙，还是别人认为你能力出众，有些事只有你能做到；是谁都含糊其词地说你一声好，还是对方能够准确地说出你的优点……被人"随叫随到"不代表你就拥有好人缘，保持独立性和个人空间，才是一种真正的为人处世的智慧。

随叫随到，没有自己的生活

随叫随到是一种对个人生活损伤极大的行为：你总是在随时待命，无论何时何地都愿意为他人服务，自己的生活围绕着别人的需求而转，却无法掌握自己时间的**支配权**，没有时间和精力关注自己的需要和感受；当人陷入一种被动接受和被动满足他人需求的模式中时，还会导致别人对你期望过高。如果有一天你出言拒绝，不再唯命是从，便可能引发他人的不满和失望感，甚至因此质疑你的人格和立场。

随叫随到的人，往往会被他人当成一个**无趣的附庸**，哪怕你付出再多，在他人眼中也只是随风飘散的蒲公英，看似自由，实则随风飘摇，缺乏根基。这种不对等的认知会让你和对方的关系越来越远——他越来越看不起你，而你又越来越累，长此以往甚至会对你的自尊心和自我价值造成负面影响。不要让别人来分散你的时间和精力，拿回主动权，做自己生活的主人，你会发现，当你不再被人随叫随到时，你会有更多的时间全身心陪伴自己的家人。

找你没好事儿，好事不找你

人们在人际交往中会根据成本与利益的比较来决定是否继续、深化或终止关系。其中，成本包括时间、精力、金钱等，而利益则可以是情感支持、资源分享等。社交应当遵循一定的基本规则，如果你与他人交往中只是在不断付出，却没有得到过**相应的回报**，那么只能说明这个人并没有把你当成看重的人。如果一个平时不熟的朋友，遇到好事想不起你，在需要承担责任的时候找到你，请马上拒绝，因为你以为的一个"小忙"极有可能给你带来大麻烦。

召之即来挥之即去，没身份

活在世上，弄明白自己的位置很重要。**社会认同理论**认为，人们通过与特定群体建立联系来塑造自己的身份和自我概念，人们会倾向于与他们认同的群体进行交往，这种群体认同对人际关系的形成和维持有着重要的影响。如果你随叫随到，只能说明，别人觉得你"是块砖，哪里需要哪里搬"。不要和看轻自己的人交往，拒绝他们的时候尝试反问，让他们知道你并不是一个没脾气的可以随便被人打发的人。

交朋友，也要先做"尽调"

在金融管理领域，尽调（尽职调查）是对某个主体（公司、个人、项目）进行**调查和评估**。它的目的是对所调查的主体进行全面了解，以便做出决策或风险评估。尽调在商业交易、投资决策、合作伙伴选择等方面非常重要，可以降低风险、发现潜在问题，并提供决策支持。

在交朋友的过程中，做尽调意味着尽量了解对方的情况，从而确定交往的程度——观察对方的个性、兴趣爱好、价值观，以确保彼此之间的**合拍程度**；关注对方的行为和他与人交往时候的行为、态度和信念，进一步评估对方是否真诚、可信以及对友谊的投入程度。通过做尽调，人们能更好地选择适合自己的朋友，建立稳固和有意义的人际关系。

多考察，不要一见定终身

　　很多时候人们都愿意相信第一印象，相信直觉，所以不少人会伪装自己，把第一印象好感度加满。第一印象常常是不准的。第一次接触时，我们通常只能获取**有限的信息**，这样的信息可能不足以完全了解一个人。人们在初次交往时可能表现出紧张、保守或有目的地展示自己，这会导致我们对其真实态度和性格的认识有所偏差。第一印象往往只是一瞬间的感觉，容易受到情绪、环境和其他因素的干扰。

　　看朋友是否可靠要用比较长的时间来观察，不要在见面之初就下定论，甚至形成偏见。这种**主观偏见**可能会导致我们对一个人的真实性格和能力做出错误的判断。我们需要更多的时间与一个人交往，才能更全面地了解他们的特点、价值观和行为习惯。很多人为了生存和利益，会伪装自己，在长期相处中，或许你会发现他隐藏在面具下的性格是你接受不了或者很喜欢的。把问题交给时间，无论是"一见如故"还是"话不投机"，都继续冷静观察。

不需要老死不相往来

虽然人人都有伪装的一面，但没有人能长期戴着同一张面具，就像戏剧演员回到后台要卸妆，演另外的剧目要换面具一样。如果接触时间够长，人的**真性情**总会表现出，也会被别人捕捉到。在"尽调"过程中，你很容易发现对方令你不适的地方：喜欢占小便宜，有时候冷酷刻薄，吃饭时候有不良习惯，答应的事转头就给忘了……这些多半是不涉及大是大非的个人癖好或者只是一时的错误，如果因为这种事情就放弃一个朋友那也有点过于吹毛求疵了。

A喜欢占小便宜，但是很会安慰人；B说话很刻薄，但为人很仗义；C不太讲信用……

做"尽调"是为了全面掌握对方的情况，避免交到"损友"，影响自己的声誉和前途，而不是为了当一个判官，把不合格的朋友全部找出来，然后老死不相往来。在做"尽调"的过程中，不妨试试做一本"友情档案"，从而增加与他人朋友的弹性程度——不投缘，并不意味着就不能有来往。能一生一世做朋友的人太少了，大多数时候朋友都是**"某个阶段"的同行者**，不要轻易放弃一个朋友，也不要长时间冷落一个朋友。

物以类聚，找到友谊的稳固点

物以类聚用在友谊上是很恰当的一个词。古谚语说道："跟好人，学好人，跟着老虎学咬人。"事实确实如此，人的天性就是喜欢追求（更确切地说是渴求）与其相似的同类。交友主要注意双方的**兴趣爱好和个性**是否合得来，比如是否开朗、乐观、好沟通，是否和自己有相同的兴趣爱好等，但是带着其他目的的交友也不是坏事：交朋友可以扩大自己的人际网络，结交各个领域不同背景和经验的人，这样的关系可以提供各种资源、机遇和职业联系，对个人的事业和发展有积极的影响。

如果想和别人做朋友，保持相对稳固的友谊，相互兼容的价值观和理念是比较重要的。"近君子，远小人"是从古至今的交友信条。共同的兴趣和爱好可以培养，开放和包容的心态也可以尽量保持，重要的是寻找到那些能够理解你并**在你需要时给予支持**的人，与能互相鼓励、激励和帮助你实现目标的人建立密切关系，而不是把时间浪费在"广撒网"上。

"杀熟"是把情谊当成"羔羊"

"杀熟"是指企业或服务提供者对于已有顾客或用户收取高于其他新顾客或用户的费用的行为。比如某些航空公司在发布特价机票时，可能会对具有历史购票记录的顾客收取更高的票价；一些酒店预订平台常常根据不同用户的搜索历史和习惯调整房价……这些行为对待顾客**显失公平**，给顾客造成经济损失，当顾客发现的时候往往会不满、生气。

被企业或者平台"杀熟"尚且如此，如果是被自己的朋友"杀熟"，愤怒之余，多半还会觉得悲伤：我做错什么了吗？他为什么这么对我！其实大可不必这么为难自己。你把他当朋友，而他却没有拿你当回事，既然他将情谊明码标价，你不妨同样对待即可。

被骗不是你的错

当一个人以朋友的身份背叛你或者欺骗你时，可能会对你产生巨大的打击。记住，这并非你的过错。感到悲伤或自责是你对这份痛楚的**自然反应**，不要封闭自己，抑或逃避这些情绪。相反，要勇敢地面对它们，与自己的心灵对话，正视和理解那份痛苦。把目光从他人的过错中抽回，投向你的未来。探究他"为什么"这样对你，不如关注你"接下来"该如何做。如果你遭遇的背叛不止一次，而且对方仍在伤害你，那么你需要设立界限，甚至是放手这段友谊。

不要让过往不愉快的经历影响自尊心，过度的自责并不是真正有益的内省，自我的惩罚却是沉重的心灵枷锁。走向未来的道路上，你需要不断地提醒自己，你的价值不在于别人的评判，而在于你如何对待自己，如何从挫败中找回自我。朋友的离去，可以是你整理人际关系，**重塑自我边界**的机会。老好人从来不缺朋友，也不会轻易放弃朋友，认识真实的自我，尊重内心的感受，才能吸引那些真正懂得欣赏和珍视你的人。

留一手，不是不坦诚

兔子尚且不吃窝边草，"杀熟"的人通常也没什么本事——在市场上挣不到钱，才把主意打到身边人身上。如果想破"杀熟"的局，还是老办法"防人之心不可无"，再老实的人也要为自己留一条后路。如果觉知到有被"杀熟"的风险，自己无法正确判断时，还可以寻求其他人**干预与协助**。信任朋友并不是错误，但与人交往时，也要做好防范准备，暗地里要留一手，否则一旦出现问题，往往什么都晚了。

老同学，你上次给我推荐投资的那个项目我很感兴趣……

但我怕担风险，我委托公司的法务以及懂新能源业务的张副总跟你接洽啊。

这……那好吧，那……你等我消息吧。

勇敢维护自身利益

俗话说："天下熙熙，皆为利来；天下攘攘，皆为利往。"人们为自己争取应得的权利和利益，并无可厚非，但在追求个人利益时应持有**公平和正义**的原则，不应牺牲他人的利益来实现自己的目的。遇到"杀熟"，这种利用亲近的关系来获取不当利益的不良行为，我们应该及时争取自己的权益，拒绝这种不公正的交易，这不仅能够保护自己不受伤害，同时也为整个社会树立了正确维护个人利益的榜样。

吃亏不是福，将心也比不了心

　　常言道"吃亏是福"，老一辈教导我们吃亏能学到宝贵的经验教训，还能提高对社会的适应程度，融洽人际关系。再往远些说，吃亏能让我们学会谦虚，知道"人外有人，天外有天"，甚至还能让人越挫越勇，取得更大的成功。

　　人生在世，一点儿不吃亏并不现实，总会有妥协和牺牲存在。如果你发现自己的努力和妥协被频繁忽略，而你的需要和利益始终不被重视，那么这种"吃亏"的习惯将不会产生积极的结果。这不仅可能导致他人**低估你的价值**，还可能伤害你自身的尊严和自我价值观。真正有价值的关系，是双方相互尊重和支持的结果，积极主张自己的权利和需求，同时保持开放和合作的姿态，是建立均衡和健康人际关系的关键。

靠吃亏攒经验，不长久

很多人说吃亏能够攒经验，有助于将来的发展，其实不然。首先，吃亏攒经验的方式会带来很多不必要的损失。这些损失可能包括时间、金钱、资源或在个人生活或职业方面的不利影响。其次，吃亏攒下的经验并不能保证有价值。单纯吃亏可能只是无意义地**浪费时间和精力**。最后，相比较靠吃亏攒经验，通过自主学习、少踩坑来攒经验的收益率更高。

"吃一堑，长一智"说的是从挫折和经历中获得智慧，下次不再犯，强调的是"长智"；"吃亏是福"说的是负面情况能带来意外好处，强调的是吃亏本身。把车借给别人开，车被撞坏了，能够给自己带来什么好的经验呢？不过是一段糟心的经历而已。

很多道理老好人都懂，但如果我们在生活实践中始终不应用自己所学到的教训，即便在损失中获取了经验，这些教训也无法转化成真正的生活资本。让每次吃亏都转变为一节生动的课程，以此增强我们**防范未来风险**的能力，这样，每一个磨难都不再是单纯的损失，而是向着成长和智慧又迈进了一步。

让吃亏有正向的回报

　　人们常用"难得糊涂"来安慰自己因过于好心而蒙受的损失。实际上，"难得糊涂"并非敷衍生活的心态，而是一种对人生的深度理解，是基于丰富的**社会经验和精神洞察**。然而，更常见的是屡次吃亏，却因种种原因无法为自己挽回损失，只好默默将伤害藏入内心。

　　为了维护面子或避免冲突，吃亏在所难免，那么要确保吃亏吃在明处。吃亏吃在明处，是在给对方提醒，你是为了对方才这样做，无论对方是否愧疚、装傻与无视，肯定是过不去的。人际关系中暂时的忍让与吃亏，是为了获得长远的利益；工作中你加班的时间比其他人多，是为了完成领导设置的绩效考核目标……如果对方明白你是在吃亏，看到了你的努力，那么之后你也能获得正向的回报。如果你只是一味忍让、不断吃亏，让对方形成了习惯，那么你就必须为自己设立必要的**自我保护措施**，并学会说"不"，以防再次陷入同样的困境。

将心比心，不如以己为中心

　　每个人都有权利被尊重和公平对待，如果感受到了不公正的对待，你有权为自己辩护并要求应有的尊重和补偿。不要觉得不好意思，也不要指望别人自觉补偿你，很多时候，不争就是没有，不要就是不缺。没有那么多"将心比心"，如果你不把自己当回事，那么别人只会加剧边缘化你。**互惠性原则**认为，人们会倾向于回报他人对自己的善意和帮助。然而，如果过度对他人付出而得不到相应的回报，就会陷入一种不平等的关系中。

本人陈秀丽与赵鹏喜结良缘，婚礼定于2月14日中午11点于XX饭店举行，期待您的到来！

（君陵）

丽丽，恭喜你！好久没联系了，你的婚礼我一定去，正好咱俩可以当面把你欠我的那两万元钱给结清了。

　　要保持健康的人际关系，同时照顾到自己的利益，我们必须在关心他人的同时，也不忘关照自己。这并不是说我们要变得自私，而是强调了学会设立个人界限的重要性，以确保我们的需求和利益得到满足。遇到不公平待遇时，与其默默忍受，不如主动与对方沟通，寻求**合理的补偿**。如果他人因你的坚持而觉得你难以相处，也不应因此退缩或畏惧。在遭遇对方的拒绝时，寻求第三方的介入和帮助也是一个可行的解决方案。

有很多伤害，以朋友之名

有人将不懂拒绝的老好人形容成 **"善良的自卑者"**，认为他们是真朋友的典型，因为他们为了缓解自卑，依靠探索世界来生存。老好人过于勇敢而坦率地拥抱这个世界，很容易在友情里受伤。占有型的人从他们这里获得物质，攻击型的人从他们这里获得胜利，炫耀型的人从他们这里获得虚荣和地位……警惕那些顶着朋友名义的掠夺——利用你的时间或精力，窃取你的资源；警惕每一个精神施暴者——践踏你的自尊，喜欢拿你的弱点开玩笑，泼冷水。他们在伤害你的同时，还不断给你心理暗示，觉得你就是那样的人。

亚里士多德说："友谊是一个人的灵魂栖息的地方。"远离"毒友谊"，宁可少一个朋友，也不要伤害自己。

识人不清，隐私成谈资

　　朋友之间会分享彼此的秘密或日常生活，其间会涉及一些个人隐私，虽然不会特意说不告诉别人，但是默认是保密的。这种自我暴露是建立在**信任和尊重**的基础上的，是朋友之间的记忆共享。然而，如果识人不清，交了个"大嘴巴"朋友，那么自己的私事就有可能变成对方的谈资，成为对方社交的内容，或者引起别人注意的由头。

　　老好人习惯将别人想得和自己一样好，常常倾向于把他人的需求放在自己的需求之前，这可能导致他们缺乏足够的自我保护意识，容易向他人敞开心扉。当自己的秘密被故意或无意间泄露，他们不会为自己感到不安，反而会优先考虑他人，觉得他人应该有苦衷。这种为他人着想的行为，其实毫无必要，承认自己识人不清被伤害了，然后重新考量两人之间的友谊才是正确的。当想着"算了"时，想一想下面的话："当你信任一个人的时候，这对于你的心理状态来说意味着什么？意味着你的**心理结构**对于他是开放的，你的自我暴露在他的面前。"

强负罪感，被"道德"绑架

"你不是好人吗？""你不是我朋友吗？""这点小事儿，帮帮我能怎么样？"如果这些话都能激起你的负罪感，那么你就是一个容易被道德绑架的老好人。那些利用朋友身份来道德绑架你的人，会恶意诋毁、羞辱或操控你，不仅伤害你的自尊心，还会让你的物质利益受损。做一个好人没有错，但要先学会保护自己，确保**善意不被滥用**，要与他人建立良好的互惠关系，而不是牺牲自己，一味地成全他人。

耳根软，被操控

很多老好人都有耳根子软的毛病——容易听从别人的意见，为了迎合他人的期望而改变自己的观点，甚至放弃自己的原则。有些人便会以此来操纵老好人：可能会利用自己的话语权影响他的决策，也可能以朋友之名为自己谋取"小福利"。当老好人按照他们的要求行事时，其利益就已经受损了。与人交往，保持自信和独立思考很重要。如果你缺乏独立思考的能力，那么就有可能被视为**缺乏个性和魅力**的人，不易受到欢迎。

请对无意义的邀约说"不"

明天我大学同学要举办生日聚会，你也来啊，我介绍你们认识！

我就不去啦，明天我有其他安排了。你们玩得开心喔！

　　人际关系不仅包括与亲朋好友等密切的强社交关系，还涵盖了由便捷的通讯方式所促成的弱关系。一个人的精力和时间是有限的，**保持有效社交**才是明智之选。如果什么邀约都答应，什么场合都出席，那么很容易陷入"丢了西瓜捡芝麻"的局面。

　　朋友相聚是为了联络和加深感情，应酬是为了结识贵人，拓展人脉。但某些邀约缺乏深入交流而显得无意义，参与其中只会浪费时间和精力，不仅无法获得真正需要的东西，还可能会带来负能量甚至麻烦。所以，我们应该对没必要、无意义的邀约说"不"，选择那些与我们的兴趣、价值观和人际关系有关的聚会，提高社交生活的质量，寻求更有意义的人际关系和有价值的交流体验。

找你凑数的局，最好不去

民以食为天，我们的社交文化喜欢在吃喝上做文章，办事也喜欢在饭桌上商量，讲究进退有道，不伤面子。饭局有一些要去，可以**结识贵人、解开困惑、联络感情**等，有一些不要去，其中最不该去的是找你凑数的饭局。如果一个饭局上多数人你不认识，或者局开了一半才叫你来，或者临时带你去的"大人物"对你并不热情，那么你多半就是个凑数的人。你的作用只有一个——满足叫你来的人的面子。

很多人组织饭局的目的特别明显，就是攀附关系，比如宴请领导，他拉上你，就是为了**提高人气**，担心人少了场面尴尬。你去了，走个过场，发现其实没你什么事儿，你只是别人的陪衬而已。还有的人组局像斗地主里的"明牌"，饭桌上的人就是他的卡片和人际资源，摆出来展示一下实力，一桌人都不认识，面面相觑，非常尴尬。对好说话的人来说，饭局和邀约很多，如果你不是不可或缺的人，去了也得不到尊重。叫你去，要么是缺人，要么是临时想起你，要么是利用你。

熟人闲聚，不必去

熟人之间常有这样的聚会：没有明确的**目的或主题**，只是一群人聚在一起，或是在某个人的家里，或是在某个已经熟悉的老地点、老饭馆。这种聚会通常吃完就散，或者大家各自玩手机并不交流。还有些人只是觉得别人都聚，我们也要聚，把大家从各自家里拽出来，强行待在一起。

老婆一个人在家照顾孩子，我得早点回去……

这种熟人局通常是没有什么意义的，彼此为了装出社交活跃的样子聚在一起，没有真正享受和投入其中。这种聚会是社交的机械重复，只是为了满足一种社交期望或形式。实际上，真正的朋友不需要特意用饭局来维持关系——你几乎每周见面、经常联系的朋友需要通过饭局来请你帮忙吗？这种局可以适当拒绝，但有些特殊情况值得我们**打破常规**，比如长时间未见的朋友归来，或者发现了一家特别的餐厅，这些聚会才有其独特的意义和愉悦的体验，不仅能够丰富我们的生活，还能加深与他人的关系。否则，还不如把闲余时间用来陪伴我们的家人。

目的不明的邀约，不能去

别人给出邀约多半是有事相求，如果对方不提目的，只要面谈，那么多半这事不好开口或者令人为难。饭局也是一样。通常一个饭局都有一个主题，或者请人办事，或者联络感情，或者分享喜悦，一个目的明确的饭局一般是**提前组织、提前通知**，越重要的饭局越是如此。如果一个饭局没有具体的目的，甚至是中途通知你去，要么没把你当回事，要么就是有为难的事情需要你帮忙处理。

面对目的不明确的邀约时，我们往往会感到不安，因为这种情况下很难做出适当的准备，也无法预知将要遇到什么情况。成年人往往不太期待惊喜，而是希望避免不愉快的惊吓。因此，在接受这类邀请之前，问清楚对方的目的是非常必要的。这不仅能帮助我们决定是否出席，也能避免自己陷入不希望出现的场合，比如被突然要求为某些不确定的事务担保。总之，了解对方**邀请的详细信息**，可以让我们在保护自己的同时，做出更加理性的判断，以免给自己增加不必要的风险。

第五章

有立场，职场顺风顺水

日常工作中，每个人都不可避免地遇到人际关系问题。职场上有人春风得意，有人愁眉不展，有人忍耐等待，也有人遭受职场霸凌，因此损害自己的利益……良好的职场关系并不只是友善待人、有求必应，而是要在沟通和选择中建立一种得体的方式，使得双方都从中受益。

互惠互利是职场中非常重要的原则，在此基础上建立的职业操守和价值观相对稳固，做出的决策相对合理。而拥有鲜明立场，有助于塑造职业形象和良好口碑，增强你的个人信誉，使你在职场顺风顺水。

新入职，不做职场"便利贴"

  便利贴是工作场景中很常见又很少被人在意的工具。大家撕下来就用，虽然未必用过就丢，但很少有人会在意记下满满事项的纸条最后去了哪儿。便利贴能够随时随地为人们服务，有求必应，存在感又很低。职场"便利贴"型人很少抱怨也很少发出自己的声音，而且一旦开始成为这个角色，就会一直忍气吞声地做下去，很难翻转局面。

  职场新人很容易成为办公室里的"便利贴"。新入职的人为了尽快适应新环境，常常会答应同事的许多不合理要求而被琐事缠身，没时间提升自己，更没时间经营真正值得经营的关系。"不当'便利贴'，要当'强力胶'"，增强在公司里的存在感，让大家知道你有自己的原则和要求，不是那么好使唤的。

保存自己的精力

成功地完成一项工作任务，需要人们投入充沛的精力，然而工作中总有很多事情分散我们的精力。在一项工作精力管理项目的研究中，研究者指出了五种不会提高人精力的行为，其中"在工作中为别人提供帮助"赫然在列。人在处理一项任务时会有一个"保持紧张—紧张释放"的过程，如果中途去做其他事情，这个进程就会被"悬挂"，如果"悬挂"次数过多或者时间太长，那么很可能因为忙碌他人事务而忽视自己的**本职工作**。

在工作中协助同事可以构建良好的团队氛围，有时候也能通过解决问题来提升自己的技能和价值。但是相对的，帮助别人也很容易打断自己的思路，降低工作效率。像更换水桶或墨盒这类与自己工作内容无关的琐碎任务，如果有能力拒绝，那么拒绝是合理的选择。拒绝时可以采取**直接而礼貌**的方式，无须过多解释，简单地说"忙不开""在写领导安排的资料"即可。在工作中，学会适当地说"不"，是管理时间和提高工作效率的重要技能之一。

用实力提高存在感

不想成为职场"便利贴"，就要在工作中展现自己的主见，合理地拒绝一些额外的工作负担，并且找准自己在职场上的核心竞争力，然后不断地强化它。在职场，提升自我是第一准则，要保持对学习和成长的积极态度，主动寻求提升自己职业技能的机会，例如参加公司的培训或者寻求前辈的指导等。有时候做得多不一定学得多，**选择比努力更重要**，提升核心竞争力，才能尽快脱离职场新人角色，成为团队中坚力量。

少闲聊，从工作出发

很多新入职的人通过和同事联络感情来快速融入团队中，却因为涉世未深，而把大量时间浪费在听别人散播负能量上，稍有不慎还会成为领导眼中喜欢搞"小团体"的人。身处职场中，和同事的沟通要尽量从工作出发，不要帮助别人散播负能量。"天下没有不透风的墙"，坚持自己的**道德准则和职业操守**，更能赢得他人的尊重，减少被欺凌或忽视的可能性。

小心，你在被能者多劳"绑架"

老好人的**道德感和责任感**很强，他们往往严格遵守社会的道德规范，并且以强烈的责任感来约束自己。无论在工作和生活中，他们都展现出踏实、可靠又乐于助人的一面。这份可靠性可能让人们认为他们有能力承担更多的工作，乐于助人的品质又使得他们会承担过多的工作——他们不愿意让他人感到失望。

能力强的老好人就像职场里的超级英雄，四处"救火"，疲于奔波又备受赞扬——"能者多劳嘛！"对一个团队来说，有这样的"救火英雄"当然是好事，但对于老好人来说，这无疑是一场道德"绑架"。能者多劳，不是能者全劳，或者能者"背锅"，如果劳心劳力却只能得到一句轻描淡写的赞扬，那对老好人很不公平。

不做"背锅侠"

在职场上，由于"能者多劳"的潜规则，老好人必定会包揽太多不属于自己的工作，承担太多不属于自己的责任，在他们身上，**"多做多错"**经常反复上演：为了完成所有任务，可能会加快工作速度或缩短处理时间，这可能导致疏漏和错误的发生；由于工作量太大，注意力会分散，无法全神贯注于每个任务，从而容易犯错……好好的老实人，愣是成了一个"背锅侠"。

有吃过亏的老好人这样调侃职场中的不公平现象："干的总在干，看的总在看，看的还要给干的提意见，搞暗算。"如果团队中经常发生这种事情，首先是领导层的责任，因为有效的团队管理应该能够公平地分配工作。如果领导忽视这种不平衡，并对你的工作不断加码、吹毛求疵时，作为那个常常承担额外负担的"老好人"，是时候重新考虑你的立场了。这不意味着要放弃团队合作或拒绝帮助他人，而是需要适时**表达自己的心声**，用行动坚定地维护自己的权益和工作的平衡。

放下"能者"王冠

老好人常常乐于接受"能者"的称号，将其视为对自己努力和付出的认可与赞赏。在这样的认可和表扬中，他们对自己的期望水平不断上升，每次设定的目标比之前更高，更难以达成。这种不断提高的标准使他们不允许自己犯任何错误，为了达到这些几乎不可能的目标，他们只能频繁加班，最终因为**承担过度的压力**而不断内耗。长期处于这种状态不仅对个人的身心健康有害，也可能影响到工作和人际关系的质量。

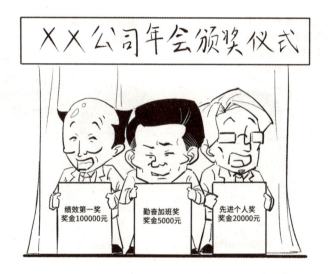

应该对自己多一些慈悲。每个人都有局限性，我们应该认识到没有人能够永远做别人的超人，建立**健康的自我认知**非常重要。在一个团队中，成功不是一个人的事情，失败也不是一个人的责任。团队合作和互相支持是实现共同目标的重要组成部分。学着看清别人的赞扬，是出于真诚的赞赏和鼓励，还是出于他们的目的或欲望，为了得到你的好感或利用你。不如也将"能者"的王冠给别人戴一戴，做一个为别人鼓掌的人。

能者多劳，多劳应多酬

一个团队中总有各种各样的角色，大家在各自岗位上发挥自己的能力是一个团队的理想状态，但现实生活中常常发生"鞭打快牛""忙的忙死，闲的闲死"的情况。**期望原则**和**公平原则**都告诉人们，努力程度和奖励、公平分配密切相关，如果只有少数人付出了更多的努力，却没有得到相应的回报，那么这种不公平的待遇不仅会引发不满，还可能严重影响团队的士气和动力。

认为"能者多劳"就意味着必须接受被低估或被滥用，是一种误解。同样，过分关注他人的评价，尤其是那些习惯于无条件地满足他人需求的人，也可能陷入同样的困境。关键在于，我们需要清楚地认识到自己的价值和所做出的贡献，并学会为自己的利益进行谈判，明确地表达自己的立场和期望。如果我们因为能力出众而承担了更多的工作，那么相应地，我们也应该获得更多的报酬和认可。这不仅是对我们个人努力的公正回报，也是一种**激励机制**，鼓励我们继续保持高效和积极的工作态度。

量力而行，对超负荷的工作说"不"

　　超负荷工作往往是职场老好人的典型特征。老好人往往乐于接受额外任务和难以拒绝他人请求，常常承担超出自身能力范围的工作量。虽然这种行为的初衷是为了帮助他人和团队，但长期下来，不仅损害个人的健康，降低工作效率，也可能影响到整个团队的和谐和效能。长期紧张的工作状态还可能使个人生活质量下降，失去对生活的热情和兴趣。

　　合理调节工作负荷，寻找工作与生活之间的平衡点，对于保持生活的热情和兴趣，维护生活质量至关重要。工作本质上是一场团队合作的过程，每个成员的负担应当是可持续且合理的。因此，当工作负担过重时，向上级勇于**表达自己的需求和寻求支持**是值得鼓励的行为。

不要让你的工作越界

人们的生活空间是由一系列社会场合构成的，每个社会场合理应有它的边界，如果有越界情况发生，不属于此场合的信息就会传递过来。如果有负能量从工作场合传递到生活中，人们会感受到从工作中带回来的消极情绪，如压力、疲劳和不满。这些消极情绪可能会对个人的家庭生活产生负面影响，例如情绪不稳定、亲密关系受损等。高强度的工作会造成个人对自我的不满，在工作场所中积累的压力会影响家庭气氛。社会学家相关研究表明，工作中引发的情绪更容易在晚上波及家庭生活。

如果你长期饱受工作繁重的折磨，你的家庭生活满意度也会下降。随着互联网技术的发展，工作与家庭生活的界限变得越来越模糊，导致即便在家中，也可能需要随时处理工作事务，如夜间在床上通过通讯软件完成工作任务等。这种情况下，学会拒绝不合理的额外工作负担，正确地**设定工作与生活的界限**，对于维护个人及家庭的整体满意度和幸福感至关重要。

正视焦虑的问题

在快节奏的生活中，很多人都会有焦虑的感觉，甚至有人半开玩笑说："焦虑让我效率变高。"焦虑在某些情况下确实能暂时提升工作效率，还能提高我们探测环境中的威胁的能力，但如果长久处于焦虑之中，就相当于**长期保持警觉**，每日每夜地"打更"，住在瞭望塔上。长期的焦虑状态所带来的负面影响不容小觑，不仅会导致身心痛苦，还可能影响到个人的决策能力、创造力以及人际关系。

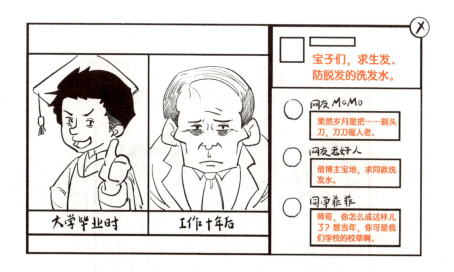

工作上的焦虑多是由于限期完成某项任务，接到讨厌的电话，客户过于挑剔，工作量过大等，尽管此类情况不会危害我们的生命，但大脑依然会启动**自我保护机制**，加深焦虑感。持续的焦虑会导致一些不良生理反应，例如头痛、肌肉抽筋、肠胃不舒服、神经过敏、脾气暴躁、筋疲力尽甚至噩梦不断。如果你梦到被工作追着跑，气喘吁吁地醒来时，不要觉得这仅仅是噩梦，这是你的身体在告诉你："是时候停下来了。" 工作完不成不算什么，因为焦虑而生了病甚至形成焦虑障碍才是得不偿失。

请人帮忙，不做独行侠

　　老好人容易在帮助他人时过度投入，导致自己被过多的责任和压力所压倒。学会适时地说"不"是很重要的技能，可以避免自己的时间和精力被他人滥用，还能够确保**个人的健康和幸福**得到维护。如果你因为不想让人失望或者难以拒绝而接受了过多的工作，然后发现自己实际上无法完成这些任务，想要反悔，这是完全正常的。很多时候，给你分配任务的人其实心里有数，他们的要求可能确实有些过分。即使他们真的没有意识到这一点，你的拒绝也是一个向他们传达这一信息的机会。

　　当面对超出自己承受能力的工作任务时，主动与上级或同事沟通，寻求他们帮助分担任务是一种明智的做法。如果你担心直接表达自己的需求会显得过于激烈，可以尝试采用一种更轻松的方式，比如通过幽默的语言，或者适当地示弱，都能够以更为柔和的方式传达你的需求。记住"伸手不打笑脸人"，保持**积极的沟通态度**往往能够提高你的请求得到响应的可能性。

同事交心有分寸，交浅言深是大忌

　　同事之间的关系本质上是建立在共同工作和完成共同任务的基础上的。除非你们在工作之余已经建立了深厚的友谊和信任，否则过于亲密的交流可能会越界，甚至对工作关系产生负面影响。

　　职场中常常存在竞争和利益冲突，**切莫"交浅言深"**。如果你过于坦诚地与同事分享自己的想法和目标，可能会引起误解和不必要的竞争。交心时保持分寸感，以免泄露可能对你不利的信息，而产生潜在的冲突。在与同事交心时，需要谨慎选择话题和内容，遵循职业道德和行为准则，并保持相互尊重的态度。在工作环境中，稳中有升的职业关系应放在第一位，其他的都可以随缘处之。就像大家常说的那句话：我是来赚钱的，不是来交朋友的。

谨慎谈论家庭条件

　　少在职场中谈论家庭情况是许多职业规划师的首条建议：职场中的人际关系应该以工作为中心，过多地谈论家庭状况可能会打破职业界限，导致工作和个人生活之间的界限模糊，产生尴尬或不适，影响工作关系和工作效率。家庭环境属于**个人隐私**的范畴，同事之间没有义务或权利了解彼此的家庭情况，因此过多涉及家庭问题可能会给人一种侵犯个人隐私的感觉。

　　老好人往往乐于相信他人的善意，认为每个人都像他们一样充满友好和真诚。这种对他人的盲目信任降低了他们的防备心理，使得他们在被问及时往往会毫无保留地分享自己的个人信息。然而，在同一工作环境中，同级别员工间的工资和待遇可能有所差别，这不可避免地会引发相互间的比较。如果一个人的薪资和家庭条件不如同事，可能会被轻视；反之，如果薪资和家庭条件超过同事，则可能激起嫉妒，因此被人穿小鞋。这种情况下，保持一定的**信息不透明**是明智的，以避免不必要的职场纷争。

不在同事面前说领导是非

　　无论与同事的关系多么亲近，讨论领导的是非是应该避免的。在工作中，对领导的不满或抱怨是常有的事，但将这些情绪表达出来，尤其是在其他同事面前，往往会转化为工作中的负能量。你可能认为与某位同事关系良好，可以毫无保留地分享你的感受，但实际上，表达对领导的不满不仅可能伤害到你的**职业形象**，还可能无意中牵扯到同事，造成不必要的误会或冲突。更重要的是，这样的行为可能会被视为不忠诚或不专业，从而影响你在职场上的发展和同事间的信任。

　　同事是合作关系，更是竞争关系。在同事面前说领导坏话，如果传到领导耳朵里，领导对你的印象必定不好。一方面，他会觉得你这个人对他有意见却不敢明说，胆识不够；另一方面，他内心也会嘲笑你识人不清，被别人出卖。如果真的对领导有意见，坦诚地沟通是更好的选择。沟通不必过于郑重，不必长篇大论地写信，汇报工作时候简单聊几句，表达自己的态度，也给领导留出一定的**思考空间**。

多谈兴趣爱好，分享生活趣事

在人际心理学中，存在一种认知偏差，它导致某些人过分关注他人的正面形象，忽略负面特征。这种偏差在所谓的老好人身上表现尤为明显。老好人往往在辨别他人的真实意图和势利心方面能力较差，他们倾向于看到他人的潜在优点，而忽视那些隐藏的不良动机。

秉持一种更平衡的**人际交往观念**，对于老好人来说是有必要的。学会识别和评估他人的行为动机，同时保持对人性积极面的信任，但不至于过度理想化，只有这样，老好人们才可以更好地保护自己，避免因过度坦白而受到潜在的伤害。

在和同事交往中，老好人们如果不善言辞，也不知道什么话题是安全的，不如多和同事聊聊彼此的兴趣爱好，分享一些生活中的趣事。试着和同事探讨一些轻松的、普遍的话题，例如天气、最近的电视节目、饮食偏好等；找到和同事**共同的兴趣爱好**也是一种比较好的沟通方式，例如谈论旅行、运动、电影、音乐等方面的话题，从而促进更加轻松和融洽的交流。

用柔软的语言，开启硬核的谈判力

　　"这个世界就是一个巨大的谈判桌，不管你是否乐意，谈判就存在于你每天的生活中。谈判无时不在，无处不在。"这是在沃顿商学院中流传甚广的一句话。在职场中，大多数时候都需要与别人打交道，谈判能力绝对称得上是一种才干，无论是公司外的采购，还是公司内部的竞争上岗，或者与上司谈合理的起薪、加薪、加班补助等，谈判的技巧都用得上。

　　对于老好人来说，谈判是一件需要硬着头皮去做的事。无论何种社交场合，都不要害怕和回避冲突，要相信绝大多数冲突都可以用**谈判和协商**来解决。谈判的最终目的是为了满足双方的共同利益，对老好人来说，获取对方的好感并不难，不忽略自己的利益才是谈判的关键所在。

少说话，多探底

在谈判力培训中，流传着这样一个说法——谁在谈判中说得最多，谁就会在谈判中失利。**倾听**在谈判中同样重要，多听对方表达自己的观点，能够发现其在表层诉求之下的真实需求。比如采购客户说他们的预算有限，那么你可能在倾听的过程中发现，他们更愿意在哪个部分多付费，更在意哪里能够节约成本，迎合他们的需求便能更快促成这单生意。

有些老好人总是害怕别人认为自己无知，喜欢说"我知道了"或"我了解"，但其实，适时地装傻并非坏事。通过表达出类似"我不太懂""能否再详细解释一下？"的话语，促使对方进一步展开话题，这样有助于深入**了解对方的立场**。言多未必能够占据对话的主动权。当对方表现出心不在焉时，不妨将话语权交给对方，让他们开口说出自己的想法。

适当让步，关注整体利益

在谈判的时候，如果别人忽视你的底线，也不要觉得被侮辱或丢了面子而愤然离开，而是要思考如何从别处找回利益。比如，新工作给出的底薪虽然达不到自己的预期，但是绩效奖金和年终分红也是一笔可观的数字，那么这份工作仍然值得继续协商。要注意的是，谈判并不是为了**打压对方**，如果已经达到了谈判的目的，或最终解决了冲突，那么，就不必介意一些小的方面的让步。

打造积极氛围

谈判是一个双方进行讨价还价的过程，旨在实现一个双方都满意的结果。为谈判打造一种**积极氛围**——整洁着装、布置会场或者选择高端的宴请地点等，都能够提高谈判的成功率。使用柔和的措辞营造出一种积极的氛围，让对方感受到被重视，才更有可能展现出更大的诚意，从而达成谈判的目的。例如，在见面时，一个友好的微笑和一个温暖的开场白可以立即打破冰点，形成一种积极的交流氛围，为后续的谈判奠定良好的基础。

好领导有原则，管理不是"和稀泥"

中国式管理重在"安人之道"，让员工安心，减少他们的后顾之忧，不会做的教他做，不肯做的谈待遇，不敢做的鼓励他……好的领导眼睛要亮，要心知肚明，绝不"和稀泥"。无论是单独对待一个员工还是处理员工间的矛盾冲突，好的领导都会有明确的态度和处理办法，含糊其词只会让人惶惑不安，无法取得下属的信任和拥护。

职场如战场，强将手下无弱兵。《孙子兵法》中提到鼓舞士气要"**赏罚孰明**"，"明"是赏罚理论的核心，包含着三层含义：第一是公正，当赏则赏，当罚则罚；第二是及时，及时赏罚，不拖不犹豫；第三是一贯，法令如一、对象如一。一个领导如果当了老好人，团队也容易缺乏锐气，或者乱成一锅粥。

- 118 -

好领导善于布局

好的领导擅长设定具有前瞻性的目标，并向其团队传达一个清晰而鼓舞人心的愿景。他们不需要亲力亲为处理所有事务，但必须心中有数，对团队的脉动了如指掌。领导者如果在关键问题上显得犹豫不决、态度含糊，往往会导致团队在决策和行动上陷入混乱。一个优秀的领导者应当为团队提供**明确的指引和支持**，促进成员们做出明智的决策，并有效推动项目前进。缺乏清晰决策的领导，可能会使团队效率低下，徒劳无功。

一个项目能够顺利执行，在很大程度上取决于团队领导的策略布局。这种布局首先涉及对项目可行性的细致分析，同时也包括领导依据自己的经验与可用资源进行的**精准预判**。一名优秀的领导者能够在设定目标和策略规划阶段，预见并解决绝大多数潜在的工作冲突，从而避免这些冲突在团队中萌发，而为此消耗团队的精力和时间。"和稀泥"解决不了实际问题，高效的领导者能将潜在的问题扼杀在摇篮中，保障团队成员能够集中精力完成项目。

好领导知人善用

每个员工都有独特的技能、能力和贡献，不应将所有人一视同仁。领导者要了解他们的个人目标、优势和需求，以便更好地**指导和培养**他们。好领导要"知人"，更要"善用"——该谈感情时谈感情，该谈利益时谈利益，不要对下属的真实需求避而不谈，维持一种表面的虚假和平。如果团队效益不好，就要分析原因，给出解决办法，比把大家召集在一起开个小会，说"一起解决""一起共渡难关"来得更好。

好领导不能一味搞平衡术

好的领导者应该努力在**工作分配、资源分配和决策制定**等方面保持公正和平衡，但在处理下属矛盾时，不可大搞平衡术。团队需要设立明确的规则，这是信任和稳定的基础。当团队成员都遵循相同的原则时，他们更有可能在工作中相互支持和合作，以实现共同的目标。同时，一个好的领导一定有自己的处事底线，面对下属触及底线的行为，不为过错方找借口。不搞平衡术，下属反而更安心。

第六章

撕"标签"，
悦纳不被定义的自己

生活中，人们总是会被贴上各种各样的"标签"，这些标签显示了人们的个性、身份、地位。如果接受了这些标签，它们就会被内化成个人的一部分，成为个体行事的规则。"老好人"便是标签之一，用来形容那些性格温和、乐于助人的人，那些总是尽力避免与人发生冲突，愿意为了他人的利益而牺牲自己的利益的人。

被贴"标签"是被定义、被选择，撕掉标签，才能看清生命本色，自主地拥抱世界。人生只有一次，撕掉老好人的标签，愉快地接受自己，拥抱幸福吧。

老好人也要有生存之道

你是老好人吗？用"√""×"回答下面的问题：

我担心别人不喜欢我。 √
我不太信任自己的能力。 √
身处交际场合，我经常不知道该如何表达自己的观点。 √
我非常在意别人对自己的评价。 √
我总是不好意思拒绝别人。 √

老好人常常忙于取悦他人，却往往处于一种被动的状态。他们的生活和情绪常被他人的需求和行为所左右，过分追求他人的认可，表现出一种对外界肯定的依赖性。为了赢得这种认可，他们不惜承担自己本不愿意做的任务，牺牲自我以获得他人的赞同。

好人难当，做一个老好人更难。要摆脱"老好人"的标签，关键在于**自我改变**，而非寻求他人帮助。老好人们需要调整自己的思维方式和行为习惯，找到适合自己的生存之道。学会自我关怀，学会说"不"……撕掉别人给的标签，为自己而活，不把幸福寄托在别人身上，因为这个世界并非专为善良之人所设，而是属于那些敢于采取行动、勇往直前的人。

静而不争，更聪明

许多人因为过度承担责任和任务而陷入尴尬的境地，这种现象在老好人中尤为常见。他们出于对和谐的追求，往往愿意牺牲自己以避免冲突，或是为了集体的利益而忽视个人的需求。然而，冲突本身并非总是负面的，它可能仅仅反映了不同的**观点、偏好或利益分歧**。作为旁观者，我们往往缺乏足够的信息来全面了解情况，所以无权也无须对其进行评判。

介入他人的冲突，尤其是在没有被请求帮助的情况下，不仅可能无法有效解决问题，不被当事人所感激，还有可能被卷入冲突，成为别人发泄怒火的"炮灰"。更重要的是，这种行为实际上侵犯了他人解决问题的自主权，违背了尊重个人边界的原则。

正确的做法是尊重他人的决策权，保持一定的距离，让冲突的双方**自行寻找解决方案**。每个人都有权力决定如何处理自己的冲突和问题，从而得到成长和学习的机会。毕竟，如果人们有能力发生争执，同样也有能力利用他们的智慧解决冲突，找到友好合作的途径。

要给自己留底牌

老好人想要更好地在职场、交际圈中舒适生存，不过度分享，懂得为自己**保留底牌**很重要。人的底牌常常指保留重要的、不轻易透露给他人的信息，可以是自己的个人隐私，也可以是自己持有的特殊资源。这些底牌能够保护自己，或帮助自己在必要时候掌握主动权。会为自己留底牌的人，能够保证自我的空间——哪怕别人仍然拥有更高的优先级别，但是自己还是有一定的余地。

不做免费的交换

在《法制频道》经常看到一些案件：免费帮别人还房贷，借给朋友钱却没有留借条……这些受害人常常是人们口中的"好人""喜欢帮人"，最后落了个悲惨下场。正所谓"亲兄弟也要明算账"，亲友间**交易透明、公平分配**，才可以建立起更强的信任。与人交往，要多从自己的角度出发思考问题：我想从别人那得到什么？我愿不愿意、能不能拿出什么来交换？能做到不免费给，而是有条件地换，也是老好人的生存之道。

把忍耐和爱，留给值得的人

所谓"值得的人"，指的是那些对我们的生活产生积极影响的人，他们值得我们投入时间、精力和情感。因此，我们要识别出不健康的关系，避免在这些关系上浪费我们的努力和精力，将忍耐和爱留给那些**真正值得的人**，这不仅是对爱的珍视，也是对自身价值的肯定。

"世间之大快，莫过于因真实的自己被爱过；世间之大哀，莫过于因伪装的自己被爱过。"积极心理学家帕斯理查说。如果我们总是隐藏自己的真实感受，通过不断地付出来营造一种"值得被爱"的假象，那么就很难获得**真实的反馈**，也难以与他人建立深层次的亲密关系。唯有选择那些真正爱我们的人，对他们给予耐心和爱，我们才能活出更加美好的自己。

爱忠诚的支持者

在幸福心理学中，忠诚被视为一种自然而然的同情心表现，它是对抗压力的一种有效缓冲，并且代表了一种长期而稳定的投入。忠诚不仅是个人幸福的关键因素，也是构建健康社会关系的基石。忠诚的人通过提供有效的关怀和坚定不移的爱，帮助他人**克服困难，实现目标**。这种忠诚不仅仅是情感上的支持，它还体现在对信任的妥善保管上，为人与人之间稳定而持久的关系提供了安全感。忠诚的人不会轻易背叛谁，他们总是选择与那些他们认可和信任的人站在一起，无论环境如何变化。

与那些花言巧语、喜欢变脸的人相比，**忠诚的支持者**才是真正关心你的人，他们愿意倾听你的心声，照顾你的情绪，关心你的幸福和健康；与漠视你的痛苦、只想从你这里获得利益的人相比，忠诚的支持者以无私的方式展示对你的爱——正如你掏心掏肺地对待别人一样。爱忠诚的支持者，其实也是爱自己的一种表现，这是每一个不把自己放在心上的老好人早就该做到的事。

爱共同成长的人

在人际关系中,如果你发现自己在不断地付出,而对方却只是不断地索取,不仅不珍惜你的付出,还让你感到被消耗和筋疲力尽。在这种情况下,选择远离,是为了保护自己的情感和精神健康,避免进一步的消耗。坚定地选择能跟自己共同成长的人,会让你变成**更好的自己**,你们通常有共同的目标或梦想,能互相鼓励,共同努力,一起成长。如果你比他们快了一些,他们不会妨碍你前行,而是会鼓励你,为你的成就欣喜。

爱真正认可自己的人

真正认可你的人,会接受你的缺点和不完美,不会对你的弱点斤斤计较,他们关注你的优点和努力,尊重你的决定,不会试图操控你的生活,而是给予你**自由和信任**;他们会真诚地赞扬你,而不是将这种赞扬当成高帽戴在你头上,然后要求你为此付出什么。在身边发现真正认可自己的人,并爱护他们,你会在他们的帮助下发现自己的价值,获得更快乐的人生。

及时止损，是对自己最大的善待

坚持是一种智慧，放弃同样是。**及时止损**不是半途而废，它并不意味着放弃了之前为之努力的一切，而是清晰地认识到之前的努力方向错了，继续下去失去的将会更多。及时止损是基于对自身情况的全面考虑——资源、时间、能力等各个方面，通过及时止损，人们能将宝贵的时间和精力放到更有意义和有价值的事情上。

著名作家埃克苏佩里说："眼睛是无法辨别真假的，唯有用心才能看得真切。"人际交往中，要时刻保持**警觉**，如若感觉不适，及时采取行动，例如表达自己的需求、设定界限、寻求支持或在必要时终止关系。通过及时止损，你可以更好地保护自己。对老好人来说，能够及时止损是对自己最大的善待。

不为打翻的牛奶流泪

许多时候，"老好人"易受**完美主义**的束缚。他们力求事事达到完美，以满足他人的期望。然而，当现实未能符合他们制定的高标准时，他们往往很自责，认为是自己未尽全力。这种追求完美的心态，伴随着情绪低落，很快可能转化为自我否定，陷入自己不配被爱、被接纳，自责成为"罪人"的负能量循环中。

自责的作用很有限，因为时间不能倒流，这世界上也不存在所谓的完美。每个人都有自己的局限，而犯错只是成长的一部分。努力接受自己的不完美，将注意力转向学习和成长，而不是追求不切实际的完美标准。当发现自己陷入自我批评时，尝试以一种更加温柔和理解的方式对待自己。接受现实，有些事情就是做不好，有些责任也不应该由你来背负；在事情变得更糟之前，**放下担子、及时止损**是更明智的选择。可以试着盘查你脑海中那些对你没好处的想法，让自己站在一个相对客观的角度来找到逻辑上的漏洞，从而减少自我苛责——为打翻的牛奶哭泣，能让牛奶回到杯子里吗？

肯定自我，维护身心健康

老好人改变的关键是肯定自我——保持自我意识，意识到自己的界限和需求，并拥有平衡**利他和利己**的能力。为了保持身心健康，要给自己留出时间和空间来自我关怀——确保得到充足的休息，保持良好的营养和锻炼习惯，并找到自己喜欢的爱好和放松的方式。在确认自己的健康和幸福的前提下，有余力再去帮助他人。

斩断操控，重获自由

孔子谈到交友时说，有害的朋友行为不轨、阿谀奉承，花言巧语，如果有这样的朋友能劝则劝，不能劝的时候要适可而止，以免自取其辱。不想自取其辱，就要斩断别人对自己的操控，为人际关系做好"**断舍离**"：断表示切断、中止，停止自我怀疑和自我伤害；舍表示舍弃、丢弃，舍弃曾经做错的一切，丢弃让你觉得沉重的东西；离表示远离、摆脱，远离不良关系，摆脱别人对你的操控。消除心理上的负担，你值得拥有一个更加宁静、轻松和充实的生活。

撕"标签"，让善良更有价值

　　心理学上普遍认为，"标签"具有自我实现效应：当个体被赋予了某个"标签"时，他们会倾向于表现出与该"标签"一致的行为和特点，即自我实现。比如，一个人被贴上老好人标签并自我接受之后，被人利用或被轻视都会被他接受。而一味地付出、忍耐，盲目地对别人好，只会让人的善良价值大减；撕掉老好人的标签，才能让自己善良的价值被大家看到，被重新评估。

　　善良的真正价值，在于人们能够在**自我保护和相互尊重**的基础上建立起真诚的关系。对老好人来说，在保持善良和正直的同时，坚定地表达和捍卫自己的观点和底线是至关重要的。如果你能够表现出坚定自信的立场，人们可能更加重视你的善良。

不给善良贴上"软弱"的标签

　　认知心理学表明，我们的行为往往会加强我们现有的认知，包括那些与现实不符或自我破坏的认知。当我们对朋友**过分宽容**时，我们实际上在强化这样一种观念：我们必须不断地取悦他人。同样，当别人因为我们的善良和忍让而获益时，他们可能会认为自己有权得到更多的好处。正如某部经典电影中所说："没有边界的心软，只会让对方得寸进尺；毫无原则的仁慈，只会让对方更狂妄。"

　　善良是一种珍贵且高尚的品质，它不应该被轻视，更不应该被贴上软弱的标签。在保持善良的同时，我们也需要学会保护自己，这不仅是对自己负责，也是对他人的一种尊重。与人交往时，我们不仅要设立明确的界限、学会妥善地拒绝，还需要定期花时间反思自己的行为，思考是否有过度迁就他人的情况，以及这是否影响了我们的个人利益。**善待自己**也是保持内心善良的关键。通过自我关怀，我们可以增强自己的自尊和自信，在有能力保持善良的同时，也能维护好自身的权益。

不给善良贴上"盲目"的标签

　　善良是一种无私、宽容和关心他人的品质，但这并不意味着老好人应该无视风险，盲目地为他人付出。想要长久地做一个善良的人，要耳聪目明，要在帮助他人之前考虑自身的能力和需要，权衡对方的需求是否合理，要拒绝不正当的请求。在保护自身权益的基础上，也应有意识地**提升自己的情商**，学会处理复杂的人际关系，让付出美德的行为更加有价值，更加有意义。

不给善良贴上"滥用"的标签

　　善良宝贵而有价值，但并不意味着无限地被利用。当老好人的善良被贴上"滥用"的标签，他们会**无底线地帮助别人**，容忍对方身上不公正或不道德的行为。每个人的感受和界限都值得尊重，老好人当然也不例外。善良的人不能总是吃亏，我们要将时间和精力视为宝贵的资源，进行合理规划，分辨出哪些人并不值得帮助，哪些事情不需要自己去做，并果断决绝，才能让我们的善良不会成为一种唾手可得的资源。

拥有"空杯心态"，勇于重启人生

  如果把一个人的心比喻成一个杯子，那么能装进心里的一切都会让杯子变满；杯满则溢，唯有空杯才可以容纳更多的液体。"空杯心态"是一种开放和虚心的心态，用于形容一个人愿意接受**新的知识、观点和经验**，愿意接受新的让自己变得更好的事物。

  史蒂文·赖特说："你不可能拥有一切，因为你根本无处安放一切。"对一个老好人来说，拥有"空杯心态"，意味着他将告别过去的旧思维，不再把他人的意见和人生当成自己人生的首选项；意味着他将愿意告别旧的圈层，结识那些能够为自己带来真正进步和智慧的人；意味着他将看到全新的自己，用一种积极的态度去认识、接受自己，并期待未来一切美好的事情发生。

改变旧思维，改变认知

美国哲学家威廉·詹姆斯曾说过："人类历史上最有价值的发现莫过于人类可以通过态度的转变而彻底地改变生活。"换个角度看世界，一切都将不同。"空杯心态"是一种开放而灵活的心境，也是让人们清空自己，重新学习和成长的生活态度。如果已经习惯了以往熟悉的方式——通过取悦和顺从他人来维持关系，从意识到"空杯心态"的重要性后，就要**尝试改变**，学习如何表达自己的需求，如何设定边界，或者要求他人用平等和互惠的方式与自己互动。

保持"空杯心态"，能够帮助人们改变旧的思维和行为模式，即便改变不是很快能够显现，但每一个小小的进步都是对过去的告别和对自己的肯定。探索新的**自我认知和行为模式**，尝试与他人以新的方式互动，你将发现自己能够与他人建立起更加健康、平衡的关系。

人生之路，道阻且长，作为一名探路者，如果你未能找到期望中的同伴，不要感到沮丧。这并非你的过错。请继续前进，因为前方总有同路者，总有你心灵的归宿。

整理关系，结识贵人

　　心理研究表明，一个喜欢讨好别人、依赖外部评价的人身边常常聚集着自私自利的人，这些人通常懒惰、冷漠，喜欢利用别人。"邓巴数"告诉我们一个普通人的一生中，能保持**稳定社交关系**的人数大约为150个，所以，我们需要不断地审视和整理我们身边的人际关系，只有清理掉有害关系，才有空位留给那些鼓励你、激励你，与你相互扶持、共同进步的人。

手握空杯，悦纳自己

　　"空杯心态"能够让人们放下成见，重新认识别人；对老好人来说，这是一个放下对自己的成见，认识自己、接纳自己的机会。这种自我接纳有助于形成更健康的自我认知，减少依赖他人来补充自我价值感的次数。不再时时刻刻为别人服务的你，仍然具有独特的价值。茶杯最有价值的时候，是空着的时候；人最强大的时候，是**轻装上阵**的时候。把一切取悦别人的想法清空吧，保持"空杯心态"，接纳自我，也接纳未来会发生的一切幸运。